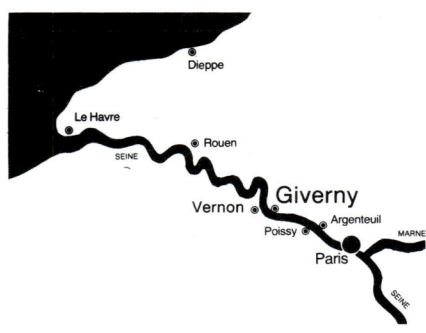

Das gewaltige Werk Claude Monets ist auf zahlreiche Museen und Privatsammlungen verteilt. Die Besucher von Giverny können deren Reproduktionen in verschiedenen Bildbändern vorfinden, besonders in «L'Hommage à Claude Monet", einem anlässlich einer der beachtenswertesten Ausstellungen der frz. Nationalmuseen im Grand Palais im Frühjahr 1980 in Paris erschienenen Werk. Die Auswahl der Abbildungen erfolgte in der Absicht, den Besucher Haus, Garten und Alltagswelt eines grossen Malers entdecken zu lassen, in der bescheidenen Hoffnung, dass der grosse Meister, der selbst feuriger Anhänger der Photographie war, mit unserer Wahl einverstanden gewesen wäre.

Vorhergehende Seite :
Claude Monet

EIN BESUCH IN GIVERNY

GERALD VAN DER KEMP
Mitglied des Institut de France Konservator des Claude-Monet-Museum

Monets Biographie

Giverny ! Ein anmutigs Dorf, das sich am Hang einer Hügelkette, nicht weit von Vernon, entlangzieht… Giverny, berühmt geworden durch den Wohnsitz eines grossen Künstlers. Claude Monet liess sich hier im April 1883 nieder. "Ich bin entzückt. Giverny ist ein herrliches Fleckchen Erde für mich…", schrieb er knapp einen Monat nach seinem Einzug. Bevor wir sein Haus, seinen Garten und seinen Teich besichtigen, sollen hier kurz das Leben des Malers und seine Inspirationsquellen beschrieben werden.

Claude Monet wird 1840 in Paris geboren. Er verbringt seine Kindheit und Jugend in Le Havre. Dort lernt er zwischen 1858 und 1862 die Maler Boudin und Jongkind kennen, die in ihm die Vorliebe zum Malen im Freien wecken. Zum Studium geht er nach Paris und begegnet Renoir, Sisley und Bazille. Er bewundert Manet und arbeitet in Trouville Seite an Seite mit Courbet. Im Jahre 1871 entdeckt er Turners Gemälde in London. Zu diesem Zeitpunkt beginnt er auch, japanische Holzschnitte zu sammeln. Zwischen 1872 und 1878 lebt er in Argenteuil und beginnt in einer als Atelier eingerichteten Barke auf dem Wasser zu arbeiten. Er hat ernsthafte finanzielle Sorgen in diesen Jahren, als er mit Camille verheiratet ist und sein erster Sohn Jean zur Welt kommt. 1874, 1876, 1877 und 1882 stellt er mit Malern aus, die aufgrund eines Gemäldes von 1872, das Monet "Impression, Soleil levant" (Impression, aufgehende Sonne) genannt hat, den Namen "Impressionisten" erhalten.

"Will man den grossen Meister besser verstehen, will man die Quellen seiner Inspiration besser erfassen - kurzum, will man sich vorstellen, dass er immer noch unter uns weilt, so ist eine ›Pilgerfahrt‹ nach Giverny, dieser von Blumen überschwemmten heiligen Stätte, unumgänglich."

VAN DER KEMP

1876 ist Monet bei dem Geschäftsmann und Sammler Ernest Hoschedé auf Schloss Rottembourg zu Gast. Bald verbindet ihn Freundschaft mit der Familie Hoschedé, bei der er auch E. Manet, C. Durand und viele andere kennenlernt... Hoschedé macht Bankrott und flieht 1877 nach Belgien. Madame Hoschedé und Madame Monet beschliessen, den Sommer 1878 gemeinsam zu verbringen und mieten ein Haus in Vétheuil.

Monets Frau, die in Paris einen zweiten Sohn, Michel, auf die Welt bringt, stirbt 1879 an Tuberkulose, ein schmerzhafter Verlust für Monet. Alice Hoschedé beschliesst nun, Claude zu helfen und seine beiden Kinder mit ihren eigenen grosszuziehen. Sie ziehen nach Poissy, das Monet verabscheut, und, da der Mietvertrag im April 1883 abläuft, schaut er sich in den Aussenbezirken des

Die leuchtende Palette, die der Meister von Giverny vor seiner Haustüre zusammenstellen wollte, bietet sich von nun an den Augen der Besucher dar.

«Zu wissen wie er seinen Garten gestaltete, ist nicht von Belang. Eindeutig ist jedoch, dass er ihn so geschaffen hat, wie es ihm sein Auge nach und nach diktiert hat, dem Lockruf jedes neuen Tages folgend und dem Drang seines Farbenappetits Genüge tuend.»
CLEMENCEAU

Nebenstehend:
Claude Monets Porträt,
Aufnahme von Nadar.

Rechts: Claude Monet
«Le Jardin de l'Artiste à Giverny» («Der Garten des Künstlers in Giverny»), 1900, Öl auf Leinwand, 80 x 60cm.
Musée d'Orsay, Paris.

Durch seine neue Farbbehandlung stellt Monet das Licht in den Vordergrund: Die Farbe wird unversnischt auf der Leinwand angebracht und nicht mehr auf der Palette vermischt. Die subjektive Wiedergabe steht im Mittelpunkt des malerischen Suchens; die persönliche Impression und nicht der objektive Ausdruck des Gegenstands soll dominieren.
GUILLAUD

Vexins nach einer anderen Bleibe um. Von der Wagentür des kleinen Zugs zwischen Vernon und Gasny aus entdeckt er Giverny, wohin er zusammen mit Alice Hoschedé und den Kindern zieht. Zuerst leben sie in einem Gasthof, dann mieten sie von L.-J. Singeot ein Haus, und da wird Monet nun endgültig sesshaft. Das Grundstück umfasst mehr als einen Hektar und verläuft, schräg abfallend, hinunter zum Ende des Dorfes, an seiner unteren Seite eingefasst vom "Chemin du Roy", an dem eine kleine Eisenbahnstrecke entlangläuft, die von Vernon nach Gasny führt, an der oberen Seite von der "Rue de l'Amsicourt", heute "Rue Claude Monnet" genannt, wo sich der Eingang zur Stiftung befindet. Das Haus liegt an der Strasse, einem grossen Obstgarten gegenüber. Eine Scheune links vom Haus macht der Maler sogleich zu seinem Empfangszimmer und zu seinem Atelier, wo er gerne sitzt und raucht und dabei sorgfältig seine im Freien gemalten Bilder überprüft.

Er lässt Blumen in seinen Garten pflanzen, damit er sowohl bei regnerischem als auch bei schönem Wetter malen kann. Unermüdlich stellt er Tag für Tag auf seinen Bildern Felder, Bäume und die Seine dar. Zu diesem Zweck kauft er sogar eine kleine Insel, "L'Île aux Orties" (die Brennesselinsel), auf der er eine Hütte und ein Boot-Atelier besitzt.

Die Tochter des Malers Helleu, P. H. Johnston, beschreibt Monet folgendermassen: "Von mittlerer Grösse, stämmig, mit breitem Nacken, steht er fest auf seinen Beinen, die

Haare kurz geschnitten. Sein Bart dagegen war sehr lang und sehr weiss. Er trug einen Anzug aus grobem, grauem Wollstoff, eine an den Fussknöcheln geschnürte lange Hose, ein weisses Hemd mit in feine Fältchen plissierten Manschetten, die unter den Ärmeln seiner hochgeknöpften Jacke hervorschauten. Er hatte eine klare, klangvolle Stimme… Er war äusserst einfach und natürlich ; seine direkte Art zu sprechen erweckte Vertrauen, und wenn er auch auf den ersten Blick den Eindruck von Derbheit

Claude Monets Leidenschaft für Blumen versteht man vollauf in seinem Garten ; …eines seiner Meisterwerk, nach Auffassung seiner Zeitgenossen.
«Ein Garten wie eine Farbpalette… eines in Blumen vernarrten Malers", so erschien Giverny einem Chronisten unserer Tage, als er zur Eröffnung des Claude-Monet-Museums eingeladen war.
Giverny - ein Museum, das lebt und in dem der Spaziergänger zunächst die grosszügig mit Blumen versehenen Alleen entdecken kann, wo der Maler seine Motive fand, um sich dann angesichts dieses Verschmelzens zwischen Wirklichkeit und innerer Vision - charakteristisches Element der Malweise Monets, «des Malers des Lichts", gemäss einem Ausdruck seines Freundes Clemenceau - dem Traum hinzugeben.

*«…Ich kenne Herrn Monet nicht.
Ich glaube sogar, dass ich bisher noch nie eines
seiner Bilder aufmerksam betrachtet habe.
Dennoch scheint es mir, als ob ich einer seiner alten Freunde wäre.
Und dies, da seine Bilder mir eine Geschichte über Energie und Wahrhaftigkeit
erzählen… Wir stehen mehr als einem Realisten gegenüber :
Monet ist ein sensibler und gleichzeitig kraftvoller Interpret, der jedes Detail wiedergibt,
ohne es seziererisch vertrocknen zu lassen."* ÉMILE ZOLA

Claude Monet «Les Roses»
(«Die Rosen»), Detail,
1925-1926, öl auf Leinwand,
130 x 200 cm.
Musée Marmottan, Paris.

machte, so verschwand dieser, sobald er zu sprechen anfing. In diesem Augenblick erkannte man seine vornehme Gesinnung." L. Descaves bemerkt, dass er gerne gut isst, seinen Wein unvermischt trinkt und Wasser nur in kleinen Mengen nach seiner morgendlichen Tasse Schokolade duldet. Allerdings raucht er vierzig Zigaretten pro Tag... Er hat stets mehrere Bilder gleichzeitig in Arbeit, wegen des wechselnden Lichts. Von seiner Malerei ist er geradezu besessen und gepeinigt. Er malt mit Leidenschaft und, oft unzufrieden, zerstört er seine Gemälde. Während dieser Krisen umgibt ihn seine Familie mit ehrfürchtigem Schweigen. Wenn ihm aber seine Arbeit gelingt, dann wird er wieder fröhlich, zugänglich und der beste Mensch auf der Welt.
Jeden Morgen steht Monet um fünf Uhr auf, streift durch Giverny, wandert an den Flussufern der Epte entlang, durch die Pappelalleen, über die mohnroten Felder, an den Ufern der modernen Malerei. Unberührt

An Georges Durand-Ruel,
3. Juni 1905 :
"…Was nun die
Farben anbelangt,
die ich anwende,
ist dies wirklich
so interessant ?
Ich glaube nicht,
da man alles noch viel
leuchtender und besser
mit einer anderen
Palette machen kann.
Der springende Punkt
ist das Können,
die Farben richtig
anzuwenden ;
welche man
dabei auswählt,
ist schliesslich und
endlich nur eine
Gewohnheitssache…"
MONET

von allen Tendenzen seiner Zeit, wie die Nabis, Pointillisten, Fauves und Kubisten, zieht er hartnäckig seine Furchen. "Das Motiv ist zweitrangig für mich. Ich will darstellen, was sich zwischen dem Motiv und mir befindet." Nicht Licht und Schatten sind Gegenstand seiner Malerei, sondern die in Schatten und Licht getauchte Malerei. So verschwindet am Ende seines Lebens das Gegenständliche aus seinen Gemälden, was die moderne abstrakte Kunst ankündigt.

Hier in giverny beginnt Monet auch seine bekannten "Serien", die ihn später berühmt machen. Zwischen 1888 und 1891 führt er die Serie der 25 "Heuhaufen" aus. 1892 stellt er bei dem Pariser Kunsthändler Durand-Ruel eine

«Claude Monet behandelt die Lichtflut wie ein Musiker die Klangwellen. Die beiden Schwingungen entsprechen sich. Ihre Harmonien gehorchen denselben unumstösslichen Gesetzen, und zwei Farbtöne überlagern sich in der Malerei gemäss einer ebenso dringlichen Notwendigkeit wie zwei Noten in der musikalischen Harmonie. Noch besser ausgedrückt: Die unterschiedlichen Episoden einer Serie verketten sich wie die verschiedenen Abschnitte einer Symphonie. Das malerische Drama entwickelt sich gemäss denselben Prinzipien wie das musikalische Drama.»
GRAPPE

Gegenüberstehend:
Claude Monet
«La Maison de l'Artiste vue du Jardin aux Roses»
(«Das Haus des Künstlers, vom Rosengarten aus gesehen»),
1922-1924, Öl auf Leinwand,
89 x 92 cm.
Musée Marmottan, Paris.

Links: Monet vor der Japanischen Brücke.

Serie von 24 Pappeln aus ; zwischen 1892 und 1898 malt er die Serien der Kathedralen, der "Matinées sur la Seine", der Japanischen Brücken, der Glyzinien und der Seerosen, wo Himmel und Wolken zwischen Gräsern und Blumen spielen. Alles spiegelt sich auf einer Oberfläche, die nur Illusion ist. Und schliesslich wird der Höhepunkt mit den dekorativen Seerosenbildern "Décorations des Nymphéas" erreicht, in denen ein allmähliches Auflösen der Formen zum Triumph der Farbe führt. Zur Zeit, als Monet sich in Giverny niederlässt, hat er grösste finanzielle Schwierigkeiten, aber der Kunsthändler Durand-Ruel unterstützt ihn, so dass er und seine grosse Familie bequem leben können. Als er bekannter wird und seine Gemälde sich gut verkaufen, entschliesst er sich, das Haus zu kaufen. Der Garten wandelt sich unter seiner

«Ich will die Luft, in der Brücke,
Haus und Barke baden, malen.
Die Schönheit der Luft,
in die sie getaucht sind ;
und dies stellt nichts mehr
als das Unmögliche dar."
MONET

Nachdem er sich in Giverny niedergelassen hat, versuchte Claude Monet in seiner Malerei die zarten Effekte des wandelnden Sonnenlichts wiederzugeben, die variierende Lichtpräsenz bei ein und demselben Gegenstand zu verschiedenen Tages- und Jahreszeiten. In den «Serien» ist nicht mehr die Landschaft der eigentliche Gegenstand, sondern die Licht- und Farbveränderungen.

Regie. Er lässt drei Gewächshäuser bauen und kauft auf der anderen Seite des "Chemin du Roy" ein Stück Land, wo es ihm 1895 gelingt, nach zahllosen administrativen Schwierigkeiten den berühmten Teich auszuheben und gemäss einem Holzschnitt die Japanische Brücke zu bauen. 1892 heiratet er Alice Hoschedé, die ihm Halt und Stütze in seinem Leben ist.

Cezanne, Renoir, Sisley, Pissaro, Matisse, John S. Sargent, der Kritiker G. Geffroy, O. Mirbeau sind bei ihm zu Gast. Eine enge Freundschaft verbindet ihn mit dem Staatsmann G. Clemenceau, der Monet bis zu seinem Tod mit Bewunderung und Zuneigung umgibt. Gauguins Malerei versteht und erträgt er nicht, aber er schätzt Vuillard und M. Denis.

Im Jahre 1899 lässt Monet links vom Garten, vor den Gewächshäusern, ein zweites Atelier mit sehr guten Lichtverhätnissen bauen. Er lässt auch eine Garage, eine Dunkelkammer für Fotoarbeiten und zwei Schlafzimmer einrichten. Zu dieser Zeit wetteifern die Kunsthändler um seine Gunst. Seine Gemälde vertraut er Boussod und Valadon an, den Brüdern Bernheim und G. Petit, worunter Durand-Ruel sehr leidet. Aber es ist in Durand-Ruels Galerie, wo Monet im Jahre 1900 eine grossartige Serie von Seerosenbildern ausstellt und somit in Frankreich, England und den Vereinigten Staaten berühmt wird.

Gegenüberstehend : Claude Monet.

"La Maison de Giverny vue du Jardin aux Roses" ("Das Haus von Giverny, vom Rosengarten aus gesehen"), 1922-1924, öl auf Leinwand, 89 x 100 cm. Musée Marmottan, Paris.

"Während ihr auf philosophische Weise versucht, die Welt an und für sich zu erfassen, konzentriere ich lediglich alle meine Bemühungen auf ein Maximum an Erscheinungen, die in engem Zusammenhang zu uns noch unbekannten Wirklichkeiten stehen."
MONET

Der Tod seiner Frau Alice im Mai 1911 ist ein schwerer Schicksalsschlag für ihn. Seine Schwiegertochter Blanche und G. Clemenceau umsorgen Monet liebevoll. Sein Sohn Jean, Blanches Ehemann, stirbt 1914. Monet ist sehr erschüttert ; er beginnt, an Star zu leiden. Clemenceau ermutigt ihn, seine künstlerischen Studien weiter voranzutreiben. Er träumt davon, seine sogenannten "Décorations des Nymphéas" in Angriff zu nehmen und lässt dafür zwischen 1914 und 1915 ein riesiges und sehr unästhetisches Atelier links oben im Garten bauen. Monet beginnt seine gigantische Arbeit im Jahre 1916, die nach Unterbrechungen mit einer grossartigen Bilderserie endet, die er am 12. April 1922 dem französischen Staat schenkt. Im Januar und Juli 1923, am rechten Auge operiert, stirbt er am 5. Dezember 1926, sehr geschwächt und erschöpft.
Michel Monet, sein zweiter Sohn, mit dem Monet sich nicht gut verstand, ist sein Erbe. Er wohnt in Sorel, kommt jedoch ab und zu nach Giverny, wo alles, hingebungsvoll von seiner Schwägerin Blanche behütet,

unverändert geblieben ist. Sie wacht bis zu ihrem Tode nach dem Krieg von 1940 über Haus und Garten und hält die Erinnerung an den Meister wach. Der Gärtnermeister Lebret stirbt ebenfalls, und die Obhut des Besitzes wird einem Gärtnergehilfen anvertraut. Der Garten bleibt nach und nach sich selbst überlassen, eine grosse Anzahl Bilder wird verkauft, und auf der Rückkehr von einem Besuch in Giverny hat Michel im Alter von 88 Jahren einen Autounfall und stirbt am 19. Januar 1966.

Michel vermacht testamentarisch den gesamten Besitz der Académie des Beaux-Arts. 1977 von meinen Kollegen zum Konservator von Giverny ernannt, nahm ich umgehend die Rettung der Gärten in Angriff, dank

Hinter den Azaleensträuchern am Nordufer des Teichs erscheint die kleine Brücke, die sich über den Epte-Arm spannt, welcher den Teich mit Wasser versorgt.

«Sein Ziel war es, die spezifischen Erinnerungen eines ausgewählten Ortes zu notieren, zu entwickeln und festzuhalten, und dies angesichts der Veränderung der Jahres- und Tageszeit, des Klimas, des Lichts, der Wärme und der Farbe - Veränderungen, die innerhalb eines einzigen Tages stattfinden."
GURALNIK

Im Atelier, das sich am
Nordwestwinkel des
Grundstücks befindet,
zeigte der Meister den
Kunsthändlern seine Bilder ;
war ein Bild verkauft,
so gab er hier den
Leinwandrändern,
die bis dahin
unvollendet waren,
den letzten Pinselstrich.
Gegenwärtig befindet
sich in dem Atelier
eine hinter Glas geschützte
Bibliothek mit den
neueingebundenen und
neuverzeichneten Büchern
Claude Monets.
Viele sind mit Widmungen
versehen, und viele
behandeln die Themen
Kochkunst und Botanik.

"Diese dekorative Vision stellt einen Ruhepol dar… nachdem man durch den Garten gewandelt ist, der wie eine Palette gestaltet ist, auf der die dichten Blumenbeete in leuchtenden und magischen Farbtönen gesetzt sind, angesichts derer das Auge von der vibrierenden Polychromie betört wird. Haus und Garten von Giverny stellen das Ambiente dar, welches sich der Maler geschaffen hat - ein Lebensort, der für ihn zum ständigen Beitrag seines Werkes wurde. In seinen Musestunden - es kommt vor, dass er über Monate hinweg nichts tut - setzt er, obwohl es nicht so aussieht, seine Arbeit fort, indem er einfach spazierengeht ; seine Auge kontempliert, analysiert, registriert… Sein eigentliches Atelier ist die Natur." MAURICE GUILLEMOT

Der Epte-Arm, der den Teich des Wassergartens mit Wasser versorgt, ist durch eine schnelle Strömung belebt. Zwischen den mit Pestwurz umsäumten Ufern gestaltet das unter den blühenden Kirschbäumen durchschimmernde Licht jene geheimnisvollen Effekte, nach denen die impressionistischen Maler gesucht haben.

Der Anlegeplatz und die «Barke des Malers» hinter den Azaleen des Nordufers.

eines Kredits des Institut de France und mit Hilfe der Schenkungen des Conseil Général de l'Eure, der Préfecture de l'Eure und der Gesellschaft "Richesses de l'Eure". Alsdann stellte ich Monsieur Vahé als Gärtnermeister ein.

G. Truffaut, gerngesehener Gast bei Monet, besuchte ihn oft in Giverny. In seiner Begleitung befand sich ein junger Mann, A. Devillers, welcher später Generaldirektor des Georges-Truffaut-Unternehmens wurde. Unterstützt von M. Thibaudin, war er gern dazu bereit, mir grosszügig und tatkräftig seine Erfahrungen und Erinnerungen zugute kommen zu lassen. Ich bin ebenfalls M. Toulgouat (Claude Monets Grossneffen) und seiner Ehefrau zu Dank verpflichtet für ihre langen und ausführlichen Studien über eine theoretische Restaurierung der Gärten. Auch A. de Vilmorin half mir mit seinen sachkundigen Ansichten. Ihnen allen sei hier mein Dank

ausgesprochen. Mit ihrer Hilfe und dank der Arbeit und des Talents von M. Vahé ist ein Wunder geschehen : Der Garten hat sein ursprüngliches Aussehen wiedergefunden. Als die vom Institut gewährten Kredite verbraucht waren, reisten meine Frau (Amerikanerin und Präsidentin der Versailles Foundation) und ich in die Vereinigten Staaten, wo wir im Namen der "Versailles Foundation" zur Annahme von Spenden für Giverny befugt waren. Eine grosse Freundin Frankreichs, und leidenschaftliche Bewunderin von Claude Monet, Frau L. A. Wallace, machte uns eine sehr grosszügige Schenkung.
Weitere Freunde aus den USA und natürlich auch aus Frankreich boten uns ihre finanzielle Unterstützung an.

Die lang vernachlässigte malvenfarbene Glyzinie rankt sich wieder am überbau der rekonstruierten Japanischen Holzbrücke empor.

"...Bei Ihnen ist das etwas anderes. Die Präzision Ihres Blickfeldes bricht den Panzer des blossen Scheins ; Sie dringen in die eigentliche Substanz ein, um sie in Lichtpartikel auseinanderzubrechen, welche Sie mit dem Pinsel neu zusammensetzen, damit auf der Oberfläche unserer Retina der Effekt der Empfindungen auf feinste und gleichzeitig kraftvolle Weise wiederhergestellt wird. Während ich beim Anblick eines Baums nur einen Baum wahrnehme, so fragen Sie sich bei halbgeschlossenen Augen : ‹Wieviele Farbtöne von wievielen Farben sind beim Übergang des Lichts auf diesem blossen Ast gegenwärtig ?›"
CLEMENCEAU

Der amerikanische Botschafter Walter Annenberg stiftete spontan eine grosse Summe, um die Gärten durch einen Tunnel mit dem Teich zu verbinden (unter der neuen Strasse, die leider den ehemaligen "Chemin du Roy" ersetzt hat). Wenn auch beide Grundstückteile getrennt bleiben, so gelangt man doch durch diesen unterirdischen Tunnel direkt vom Blumengarten zum Seerosenteich.

Claude Monet
«Nymphéas. Effet du Soir»
(«Seerosen. Effekt am Abend»),
1897-1898, öl auf Leinwand,
73 x 100 cm. Detail.
Musée de Marmottan, Paris.

Claude Monet
«Nymphéas» («Seerosen»),
1903, öl auf Leinwand,
73 x 92 cm.
Musée Marmottan, Paris.

Die Claude-Monet-Stiftung empfängt jedes Jahr viele Besucher aus der ganzen Welt.
Infolge des wachsenden Ruhms des Meisters zog Giverny schon ab 1890 nach und nach amerikanische Maler an.
Dann kam die Invasion, über die Monet verzweifelt war: ein Belgier, ein Tscheche, ein Norweger, ein Schotte, und mehrere Amerikaner, und der Gasthof wurde zum "Hotel Baudy". Nach Monets Tod liessen sich ebenfalls einige Surrealisten in Giverny nieder. Viele abstrakte Maler haben vom Einfluss von Monets letzten Bildern auf ihr eigenes Werk gesprochen. Für sie sind die "Seerosen" keine minderwertigen dekorativen "postimpressionistischen" Darstellungen, sondern gehen über den Impressionismus hinaus. Sie sind die vertikale

«Wenn er es wagen würde, so würde ein vor einem Wasserbild Claude Monets träumender Philosoph die Dialektik der Iris und der Seerose entwickeln, die Dialektik des auf der rechten Seite befindlichen Blatts und des Blatts, welches ruhig, wohlweislich und gediegen auf der Wasseroberfläche liegt. Handelt es sich dabei nicht um die eigentliche Dialektik der Wasserpflanze ? Die eine bäumt sich, von ich weiss nicht welcher Revolte bewegt, gegen ihr heimatliches Element auf ; die andere bleibt ihrem Element treu. Die Seerose hat die Lektion der Ruhe, die ein stilles Wasser gibt, verstanden. Mit einem derartigen dialektischen Traum behaftet, könnte man vielleicht die zarte Vertikalität in ihrer extremen Feinheit empfinden - die zarte Vertikalität, die im Leben der stillen Wassern offenkundig wird. Der Maler jedoch spührt all' dies intuitiv, und er findet in den Wasserspiegelungen ein solides Prinzip, welches die ruhige Welt des Wassers vertikal gestaltet."
BACHELARD

Claude Monet «Nymphéas»
(«Seerosen»),
1916-1919, öl auf Leinwand,
200 x 180 cm.
Musée Marmottan, Paris.

«Bis zu diesem Zeitpunkt
kannte ich nur die
naturalistische Kunst und,
um ehrlich zu sein,
fast ausschliesslich die
der russischen Maler (...)
Ich fand, dass man nicht
das Recht hat,
so unpräzise zu malen. Dumpf
empfand ich,
dass das Objekt (das Subjekt)
in diesen Werken
abwesend war.
Aber ich stellte mit Erstaunen
und verwirrt fest,
dass diese Werke nicht
nur überraschten,
sondern dass sie sich auch
unauslöschlich im
Gedächtnis eingruben und
dass sie sich in all ihren
Details vor unserem
Auge wiederbildeten.
All' dies verblieb konfus in
mir ; die natürlichen
Konsequenzen dieser
Entdeckung konnte ich
noch nicht vorhersehen.
Was dabei jedoch
deutlich hervortrat,
war die mir bisher
unbekannte unglaubliche
Kraft einer Palette,
die über all' unsere
Träume hinausging.
Es schien mir, als besässe
die Malerei eine
phantastische Kraft.
Aber das im Werk
behandelte Objekt verlor für
mich auf unbewusste Weise
als unabkömmliches
Element seine Wichtigkeit.
Im grossen und ganzen
befand sich schon ein kleines
Stück meines zauberhaften
Moskaus auf jenem Bild."
KANDINSKY

Monet und Gustave Geffroy.
Aufnahme von Sacha Guitry

Interpretation eines horizontalen Bildes — die Wasseroberfläche — das Aufgeben aller traditionellen Grenzen. Das Wechselspiel der Spiegelungen allein macht die umgebende Natur gegenwärtig. Die Farben explodieren auf Kosten der figurativen Form. "Dadurch erhielt die Malerei eine phantastische Kraft und Helligkeit. Aber unbewusst wurde der Gegenstand auch als unerlässliches Bildelement diskreditiert", schrieb Kandinsky. Man sollte aber auch A. Masson und J. Mitchell erwähnen und den Einfluss Monets in den Gemälden vieler zeitgenössischer Maler wie Pollock, S. Francis, J. Reigl, etc. erkennen.

So kann Monet nicht nur als einer der grössten Maler seiner Zeit, sondern auch als ein Wegbereiter der modernen Kunst betrachtet werden.

*«…Hier suchte Monet die Verfeinerung der subtilsten Empfindungen.
Studenlang verblieb er an diesem Ort, bewegungslos, still in seinem
Sessel sitzend, mit durchforschendem Blick, auf der Suche nach Lichtreflexen,
das Hintergründige der lichtdurchfluteten Dingwelt erkundend,
jenes unfassbare Flimmern, dem wir die Geheimnisse entlocken, erheischend.
Ein Hochmut dem gesprochenen Wort gegenüber,
mit dem Ziel sich mit der Stille der vergänglichen Harmonien zu konfrontieren.
Sehen, heisst das nicht auch verstehen ?…»*

GEORGES CLÉMENCEAU

Claude Monet
«Nymphéas» («Seerosen»),
1916-1919, öl auf Leinwand,
150 x 197 cm.
Musée Marmottan, Paris.

Claude Monet,
Aufnahme von Sacha Guitry.

DAS HAUS VON GIVERNY

Auch das Haus hat sein urspüngliches Aussehen wiedererhalten. Als 1966 die Académie des Beaux-Arts den Besitz übernahm, wurde der Architekt Jacques Carlu, Mitglied der Académie, zum Konservator ernannt. Er liess

Wie zur Zeit des Meisters ersteht von neuem ein harmonischer Einklang zwischen Wohnhaus und Garten.

Das zweite Atelier, 1899 erbaut, wurde vollkommen restauriert.

unverzüglich das Dach restaurieren. Aber infolge mangelnder Kredite blieb das Innere des Hauses ohne Heizung. In dem feuchten Klima begannen sich die Möbelfugen zu lockern. Von Pilzen befallen, vermoderten die Holztäfelungen, Parkettfussböden und Deckenbalken ; eine Treppe brach zusammen... Im zweiten Atelier, den Gewächshäusern gegenüber, war es nicht anders ; auch im Seerosenatelier nicht, wo junge Baumsprossen zu wachsen anfingen.

Utamaro Kitagawa
(1753-1806)
«Une jeune femme se coiffe
et donne le sein
à son enfant distrait»
(«Junge Frau
beim Haarschmuck,
ihr zerstreutes Kind stillend»).

Das Esszimmer mit
rekonstruierter
Innendekoration.

Jacques Carlu brachte die sechsundvierzig Gemälde des Meisters, von dessen Sohn vermacht, ins Musée Marmottan, wo sie in einem neuen Raum ausgestellt wurden. Die verschimmelten japanischen Holzschnitte mit ihren von Holzwürmern durchlöcherten Rahmen wurden in Kisten verpackt. Das Porzellan, die Keramikvasen und die Möbel blieben an Ort und Stelle zurück, ebenso das Kupfergeschirr der Küche.

Dank der grosszügigen Schenkung von Lila Acheson Wallace und der sachverständigen und umsichtigen Hilfe ihres Rechtsanwalts William Barnabas McHenry konnte ich zehn Jahre später, zum Konservator der Claude-Monet-Stiftung ernannt, mit der fachkundigen und aufopferungsvollen Unterstützung von Georges Luquiens, Architekt des Institut de France, die Restaurierung aller Gebäude von Grund auf in Angriff nehmen.

Die Fassade des Haupthauses wurde neu verputzt. Erinnert es nicht unwiderstehlich mit seinem rosa Putz

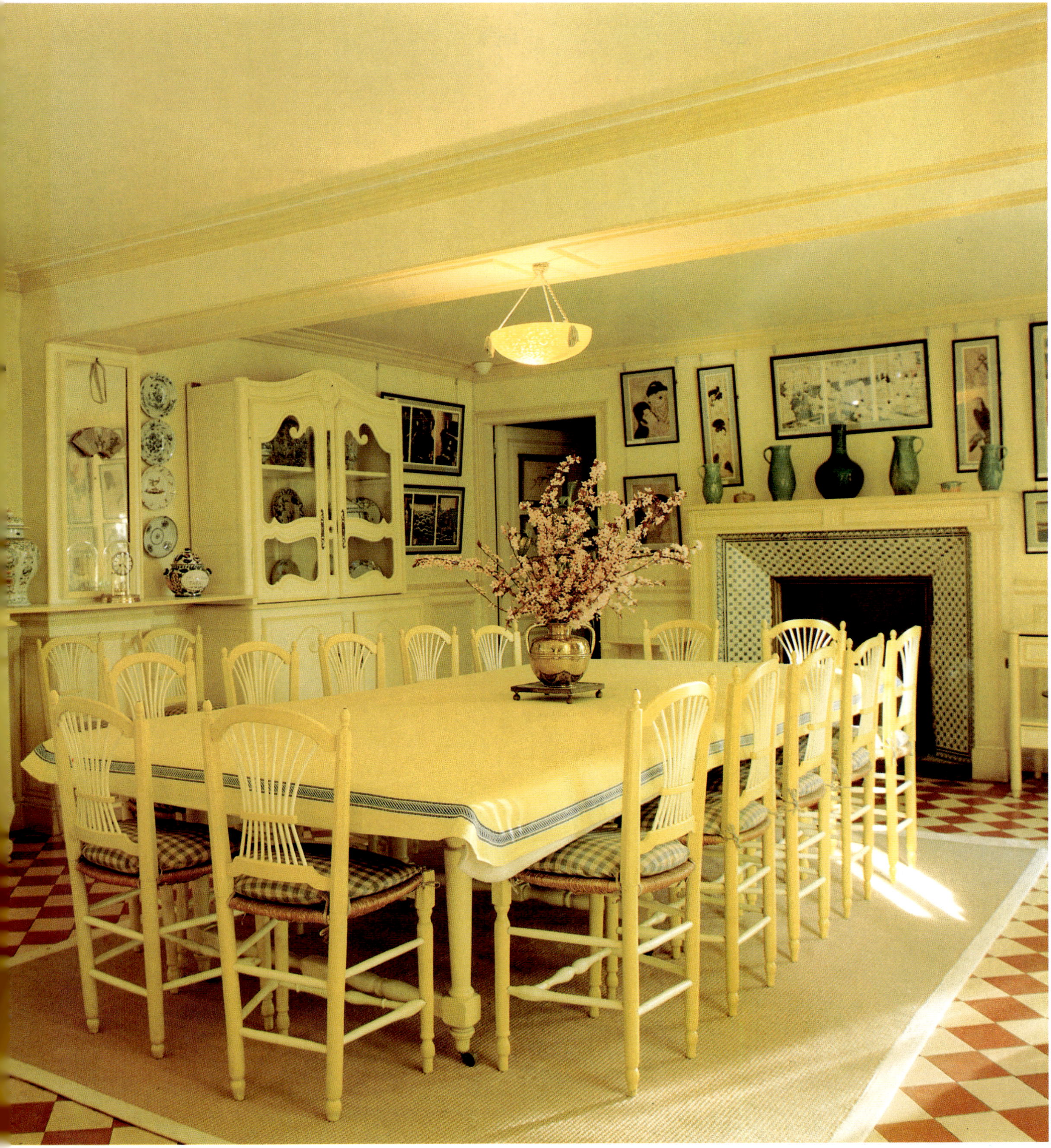

鶯

うめのえに
きゐるうぐひす
としをへて
舌のねさへぞ
ふるくなりぬる

笹の葉鈴成

aus zerstossenen Ziegeln und seinen grünen Türen und Fensterläden an ein impressionistisches Gemälde des letzten Jahrhunderts ? Claude Monet hat selbst dieses Grün für die Bänke und Eisenbeschläge seines Gartens gewählt, sowie auch für die Türen, die Fensterläden und das Holz der Terrasse, auf die er sich gern nach dem Abendbrot setzte.

Die Wände und die Möbel des Esszimmers rechts vom Hauseingang haben wieder ihre zwei leicht voneinander abweichenden gelblichen Farbtöne erhalten. (An der Stelle des Esszimmers befanden sich ursprünglich ein kleines Schlafzimmer und eine kleine Küche). Das Geschirr, dessen erhaltengebliebene Teile farblich mit den Gelbtönen des Esszimmers harmonisieren, war in Limoges bestellt worden. Die Vorhänge sind neu angefertigt worden, dasselbe »blaue Chinaporzellan« schmückt wieder die verglasten Küchenschränke, und dieselben japanischen Holzschnitte hängen - gereinigt, neugerahmt und identifiziert - wieder an ihren alten Plätzen in diesem berühmten Raum, so voller Leben und Erinnerung. Claude Monet begann seine Sammlung japanischer Holzschnitte im Jahre 1871, und man kann sagen, dass er es war, der den Geschmack für diese japanische Kunst bei den Malern seiner Zeit geweckt hat.

Bei seinen Käufen bewies er einen sicheren Geschmack. Besonders gern mochte er Utamaro, Hiroshige, Hokusaï, Toyokuni, Kiyonaga, Shunsho und Sharaku, deren Werke vom englischen Kunsthistoriker David Bromfield iden-

Obenstehend :
Hiroshige Utagawa
(1797-1868)
«Les rizières d'Asakusa pendant la fête du coq»
(«Die Reisfelder von Asakusa während dem Hahnfest»).

Gegenüberstehend :
Utamaro Kitagawa
(1753-1806)
«Hibou sur un tronc d'arbre et deux rouges-gorges»
(«Eule auf einem Baumstamm, mit zwei Rotkehlchen»).

Chikanobu Yoshu
(1838-1912)
«Les pêcheuses d'Awabi plongeant dans la mer de la province de Sgami" («Die Fischerinnen von Awabi, ins Meer der Provinz Sgami tauchend").

Die Küche hat ihre Fayencekacheln und ihr Kupfergeschirr wiedergefunden.

*"Es ist wahr, dass Monet in Giverny immer auch ein bisschen in Japan ist.
Er lebt umgeben von den Landschaften von Hiroshige und Hokusai,
die wahrscheinlich zum Teil seine Reiselust, falls er solche empfindet, befriedigen.
Vor «La route de Kiso» («Die Strasse von Kiso») zu Mittag zu essen,
im malvefarbenen Wohnzimmer in Gesellschaft von «La Vague» («Die Welle»)
in einer Zeitschrift zu blättern oder, vorbei an «Les Navires Occidentaux à Yokohama»
(«Die Schiffe des Westens in Yokohama») oder «Les Rochers Jumeaux»
(«Die Zwillingsfelsen»), in das Empfangsatelier zu gehen,
kommt einem täglichen Aufbruch und Fremdwerden gleich."* CLAIRE JOYES

tifiziert worden sind. Dank der grosszügigen Schenkung von Hélène David Weill konnten nicht nur die Holzschnitte, sondern auch das Mobiliar restauriert werden.

Beim Ausbau seines Hauses hat Claude Monet an der Stelle einer kleinen Scheune seine Küche errichten lassen. Auch sie befand sich in einem sehr verfallenen Zustand. Heute glänzt sie wieder in ihren strahlend blauen und weissen Fayencekacheln, mit ihren restaurierten und neubelegten Kupfersachen. Der Herd (der ausser Gebrauch ist) hat sein ursprüngliches Aussehen zurückerhalten, das Spülbecken ist da, die Waage und die Gewichte und die Nähmaschine… dies alles gibt eine lebhafte Vorstellung von der bürgerlichen Lebensweise auf dem Lande gegen Ende des 19. Jahrhunderts.

Zu den interessantesten Ausstellungsstücken der Claude-Monet-Stiftung gehört die Sammlung japanischer Holzschnitte des Meisters. Ausser dem Esszimmer und dem Wohnzimmer im Erdgeschoss dienen mehrere Räume im ersten Stock dieser Sammlung, die zweifellos für viele Besucher eine faszinierende Entdeckung sein wird.

Links vom Hauseingang, dem Esszimmer gegenüber, befindet sich ein kleines Lesezimmer, dessen restaurierte Möbel ebenfalls authentisch sind. Dieser Raum geht auf einen zweiten Eingang hinaus, den Monet oft benutzte, um sich entweder nach oben in sein Schlafzimmer zu begeben, oder in sein Atelier, in das er sich nach jeder Mahlzeit zurückzog. Dieser Raum ist (wie auch sein Schlafzimmer im ersten Stock) an der Stelle einer dachstuhllosen Scheune mit gestampftem Erdboden errichtet worden. Auch hier erinnert alles erstaunlich wirklichkeitsgetreu an die Vergangenheit. Die sehr einfachen Möbel sind da, seine Staffelei, seine Korbsessel, sein Sofa mit einer schlafenden Porzellankatze (ein Geschenk von Pierre Sicard) bis hin zu seinem gereinigten und ausgebesserten Hanfteppich. An den Wänden hängte Claude Monet seine Bilder in Dreierreihen auf.

Gérard Delorme hat dank seines neuen Reproduktionsverfahrens in Farbe und Relief der Stiftung grosszügig die mit den berühmten Gemälden des Meisters identischen Repliken schenken können, die den Wänden dieses Ateliers Leben und Kraft geben.

In der Etage über dem Atelier befindet sich das Schlafzimmer des Malers. Hier hat er von 1883 bis 1926 geschlafen, und hier ist er gestorben. Das gesamte Mobiliar ist noch erhalten, darunter ein wunderschöner, mit Intarsien verzierter Schreibtisch aus dem 18. Jahrhundert und eine kostbare, alte Kommode.

Kunisade Utagawa
(1780-1865)
«Les pêcheuses
d'Awabi»
(«Die Fischerinnen
von Awabi»).

Das kleine
Lesezimmer.

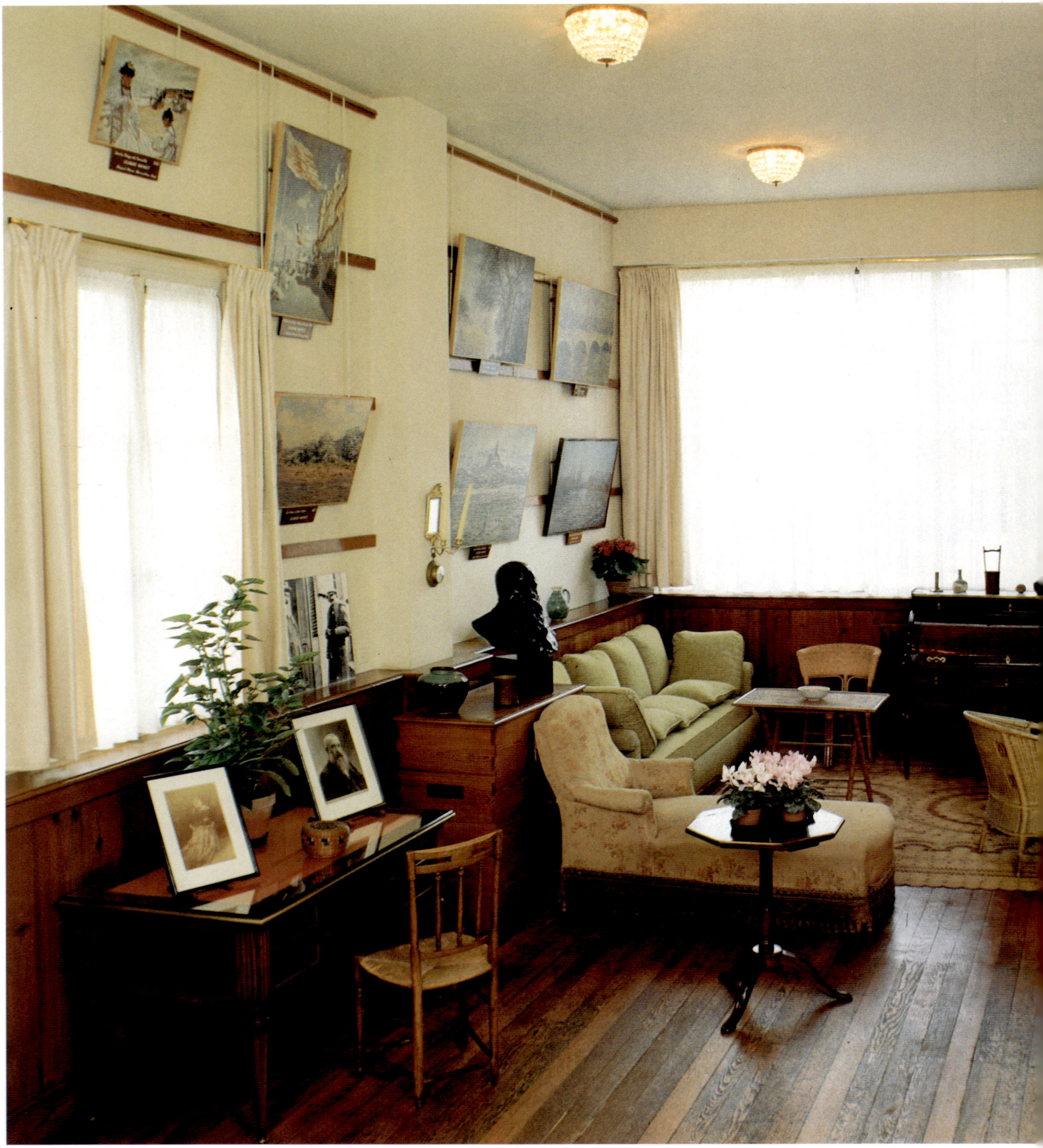

Das Empfangsatelier im Westflügel des Hauses.

Das Empfangsate ier gegen 1905.

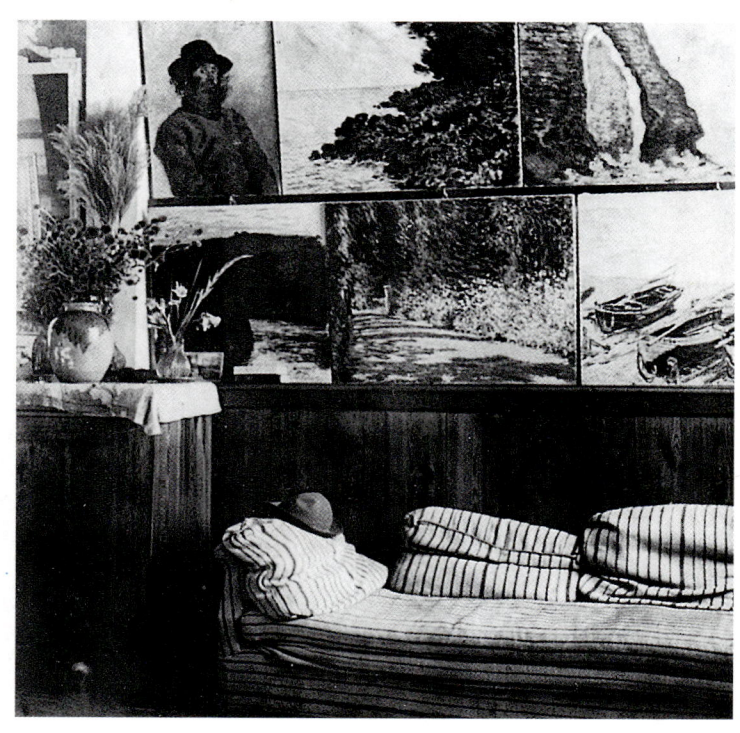

Die Stoffbezüge der Wände, sowie auch der Sessel sind neu gewebt worden. Neben diesem Zimmer liegen sein Waschraum, der Waschraum seiner Frau Alice und deren Schlafzimmer. Auf der anderen Seite der Haupttreppe befanden sich die Kinderzimmer und auf dem Boden die Zimmer für das Personal. In seinem Zimmer und in den angrenzenden Räumen bewahrte Claude Monet die Sammlung auf, die er gern seinen Freunden zeigte. Hier hingen auch die Gemälde, die er von Malern, deren Talent er schätzte, gekauft oder geschenkt bekommen hatte. Darunter waren zwölf Cézannes, u. a. auch das Bild "Le Nègre Scipion" ("Der Neger Scipio"). Von Renoir hingen hier : Ein Porträt von Claude Monet und seiner Frau, ein weiteres Porträt von Madame Monet beim Lesen des "Figaro", zwei Akte und "La Casbah d'Alger" ("Die Kasba von Algier") ; ausserdem acht Manets, fünf Berthe Morisots, zwei Degas, drei Delacroix, ein Fantin-Latour, mehrere Pissaros, ein Signac, ein Vuillard, "La Pluie" ("Regen") von Caillebotte, vier Jongkinds, zwei Bronzefiguren von Rodin... Eine wunderschöne Sammlung, die heute über die verschiedensten Museen der ganzen Welt verteilt ist !

An Geffroy, 28. März 1893 :
«…und ich sage mir, dass derjenige, der vorgibt ein Bild beendet zu haben, schrecklich hochmütig ist. Beenden ist gleichzustellen mit vollständig, perfekt ; und ich arbeite mit all' meinen Kräften, ohne vorwärts zu kommen, suchend, mich vortastend, ohne gross etwas zu erreichen…"
MONET

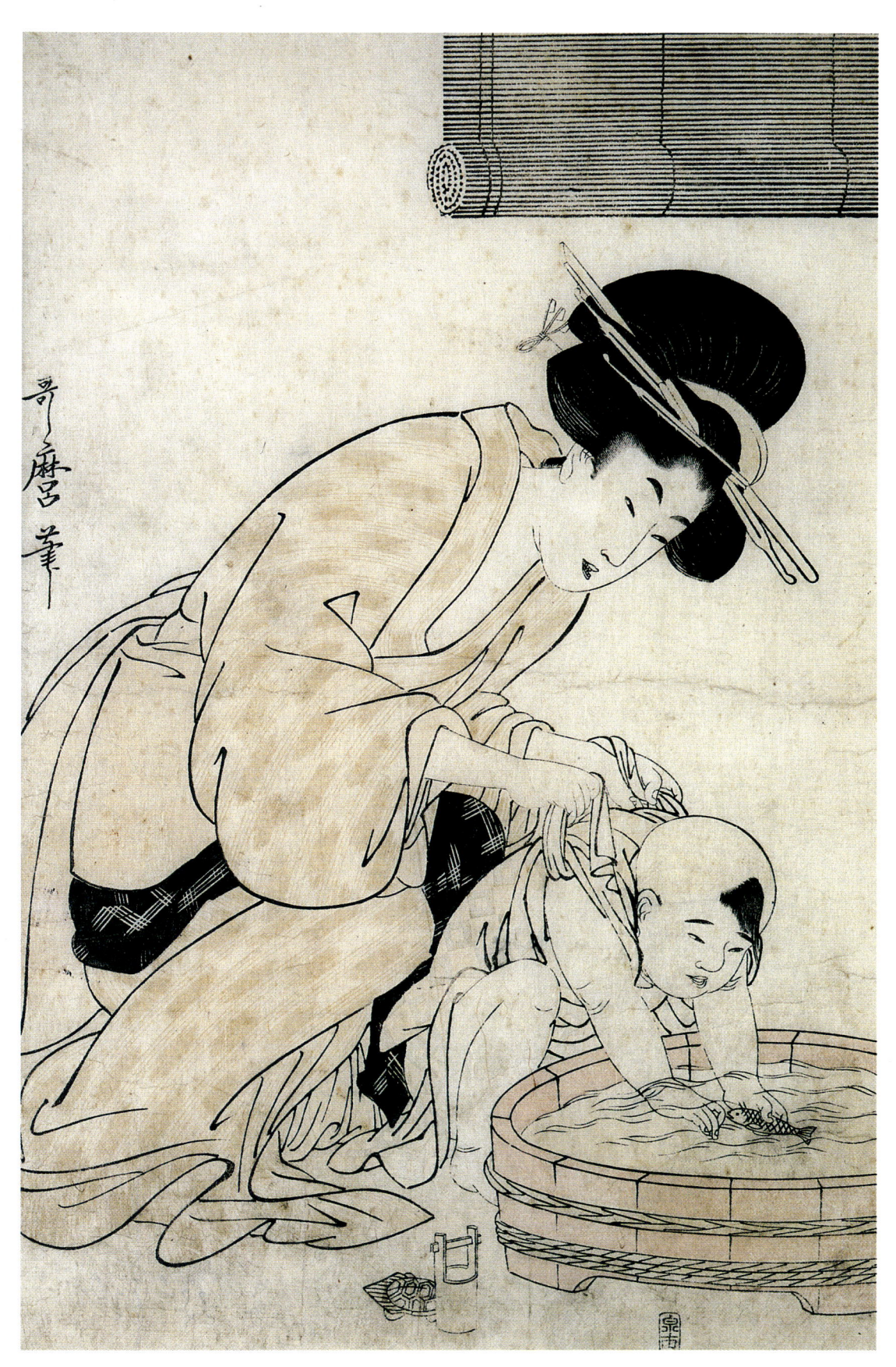

Das Schlafzimmer von Alice, Claude Monets Ehefrau.

Utamaro Kitagawa (1753-1806) «Une mère attentive au jeu de son enfant" („Eine Mutter aufmerksam dem Spiel ihres Kindes zuschauend").

Linke Seite:
Claude Monets Schlafzimmer.

LE CLOS NORMAND

Die Gartenanlagen des Clos Normand waren im französichen Stil angelegt. Sie lagen vor dem Hause und wurden durch gerade verlaufende Alleen und Gartenwege unterteilt und waren trotz der Überfülle und Vielfalt der Farbenpracht im Wechsel der Jahreszeiten wohlgeordnet. Wo auch immer Monet wohnte, hatte er einen Garten : in Ville d'Avray, Louveciennes, Argenteuil (wo seine Liebe zur Gärtnerei durch seinen Freund Caillebotte verstärkt wurde) und in Vétheuil.

"Es gibt keine dem Giverny von Monet gewidmedete Ausstellung, die in einem rein abstrakten Kontext möglich wäre.
Eine derartige Ausstellung muss berücksichtigen, dass der Garten selbst mit der Textur jedes einzelnen Werkes verwoben ist.
Es ist dieser Garten - ein Kraftakt des Gärtnermeisters Monet, der jeden Aspekt selbst entworfen hat, bevor er die eigentliche Ausführung Gartenfachleuten überliess -, der Monets Bilder unsterblich macht. Die Gestaltung der Blumenbeete, der Wege, des Seerosenteichs und der Fussgängerbrücke unterliegen genauso wenig der Willkür wie die zahlreichen, ins Auge fallenden Farbüberlagerungen und die breiten Pinselstriche der letzten Bilder, die den Garten darstellen."
PH. DE MONTEBELLO

LE CLOS NORMAND : A
Haus - 1
Zweites Atelier - 2
Seerosenatelier - 3
Gewächshäuser - 4

DER WASSERGARTEN : B
Wasserzufluss zum Teich - a
Seerosenteich - b

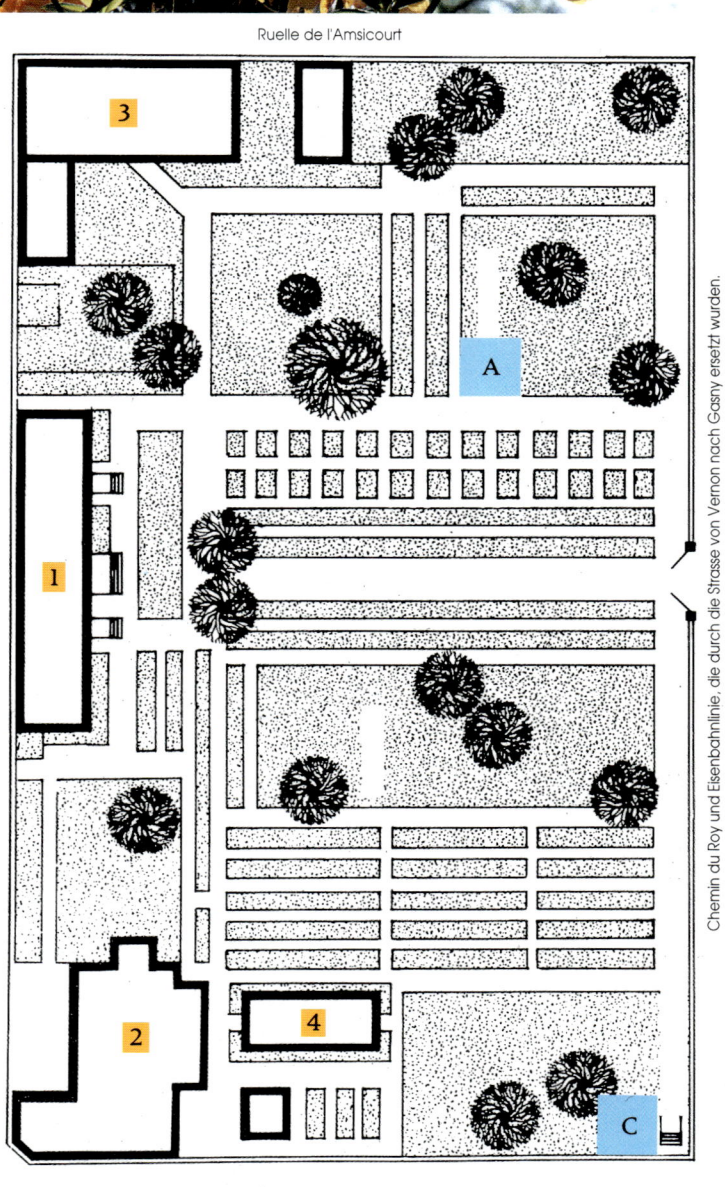

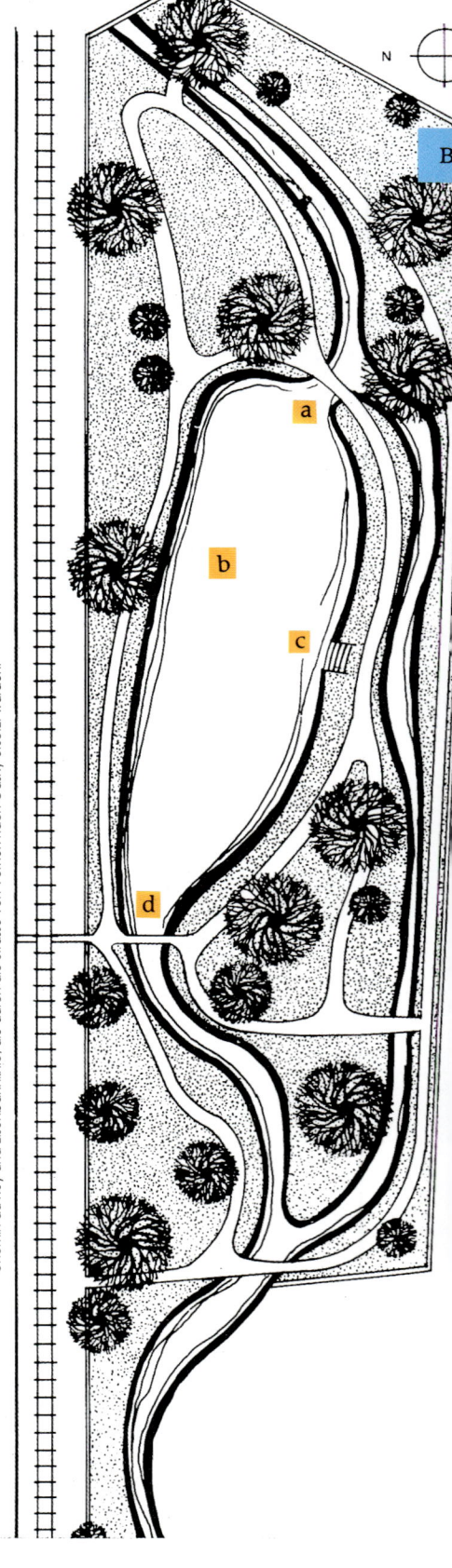

UNTERFÜHRUNG : C
Die Gärten verbindend

In Giverny besass er endlich einen Obstgarten, durch dessen Mitte sich eine grosse Allee entlangzog, gesäumt von zwei breiten Blumenbeeten und am Chemin du Roy endend. In den Beeten wuchsen Fichten, Eiben und Buchsbaum. Nach endlosen und schmerzlichen Auseinandersetzungen mit Alice behielt er die beiden Eiben vor dem Haus und ersetzte die Fichten und Buchsbaumsträucher durch Metallspaliere ; und unter dem Rosengewölbe wurde die Hauptgartenallee von Blumen und Kletterkapuzinerkresse eingefasst. Sein Gärtnermeister war der Sohn des Gärtners von Octave Mirbeau, Félix Breuil, der sechs Gärtnergehilfen beschäftigte. Auf der Westseite wandelte er den Obstgarten in Wiesen um, übersät mit Tuffs von Schwertlilien und Mohn aus dem Orient,

Georges Clemenceau über seinen Freund Claude Monet : «Sein Garten war sein Atelier.» Der Maler hing tatsächlich liebevoll an seinem Garten.

«...Ich habe bei jedem Betrachter von Monets Bildern festgestellt, dass er, wenn er die Distanz zum Bild einnimmt, die Monet zum Malen braucht, nur ein wild vermischtes Farbengewitter wahrnimmt. Nimmt man jedoch ein paar Schritte mehr Abstand, so stellt sich die Natur auf der selben Fläche zusammen und wird auf wunderbare Weise durch den verworrenen Wust der farbenfreudigen Pinselkleckse, die uns beim ersten Blick so verwirrten, geordnet. Eine herrliche Symphonie der Farbtöne folgt dem Wirrwarr der vermischten Farben. Wie konnte Claude Monet, immer den selben Abstand zum Bild einhaltend und von ein und demselben Blickpunkt ausgehend, die Farbtöne auseinanderbrechen und dann von neuem zusammensetzen, um den von ihm gesuchten Effekt zu erhalten ?...»
CLÉMENCEAU

und bepflanzt mit japanischen Kirsc- hund Apfelbäumen. Auf der Ostseite legte er gleichmässige längliche Beete mit Gladiolen, Rittersporn, Phlox, Margeriten, Astern etc. an. Der an jedem Beet entlanggezogene Gitterdraht war verdeckt mit einem im Winde wogenden Teppich prachtvoller Klematis, der etwas tiefer mit Kletterrosen besetzt war. Ein zauberhafter Anblick !
Die Beete waren eingefasst von überwiegend bläulichen Steingartengewächsen, und die Einjähspflanzen

«Endlich habe ich Ackersenf gefunden. Es gibt gute Gärtner hier. In Vernon werden deswegen verschiedene Pakete, die man vorsichtig auspacken muss, ankommen ; andere Pflanzen werden also hinzukommen, langlebige Pflanzen, auch Passionsblumen für das temperierte Gewächshaus, sowie zwei sehr schöne, gelbe Blumen und zwei kleine, seltsame Kapuzinerkressen."

MONET AN ALICE HOSCHEDE

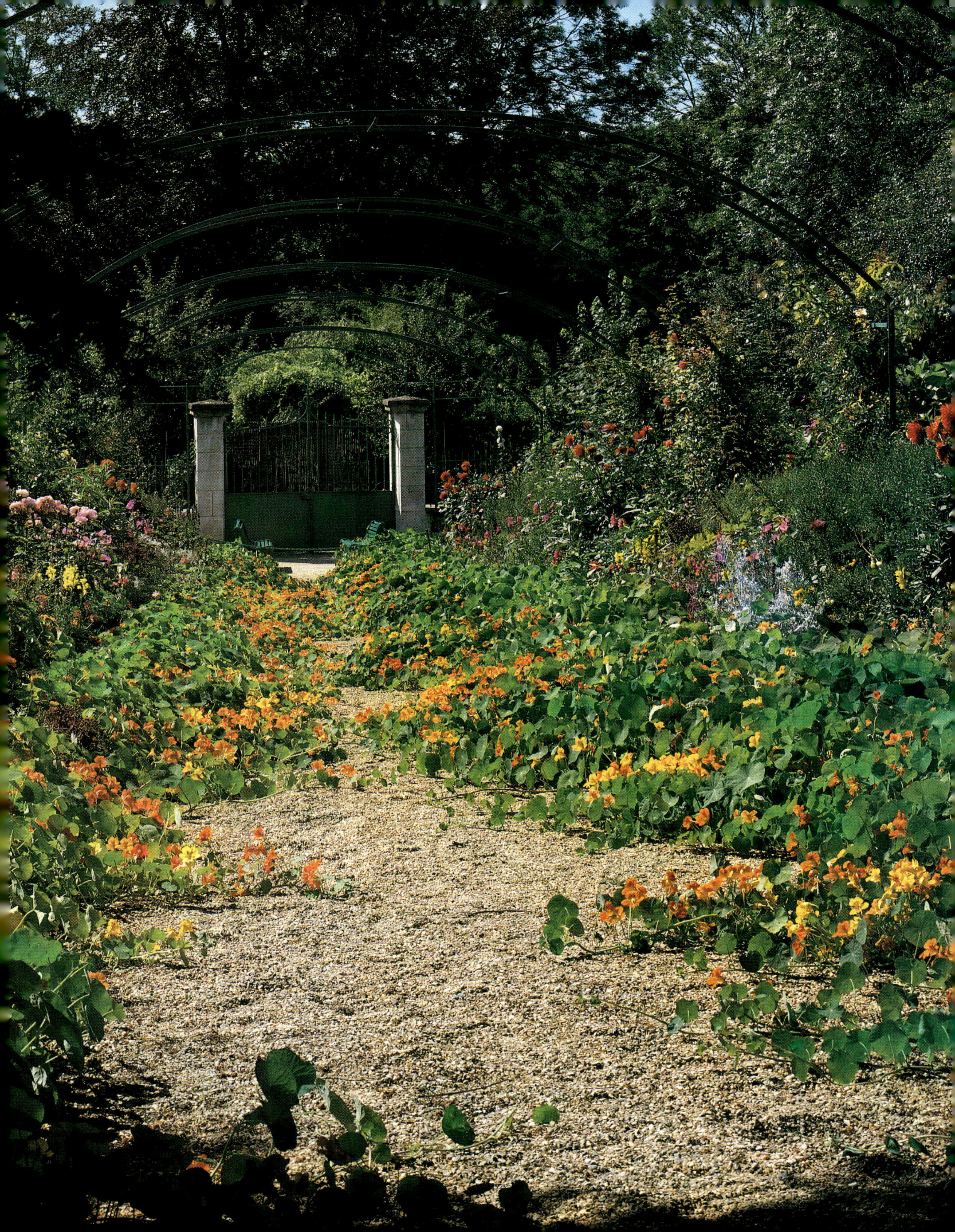

Claude Monet
«L'Allée des Rosiers.
Giverny"
(«Allee mit Rosenstöcken.
Giverny"),
1920-1922, öl auf Leinwand,
89 x 100 cm.
Musée Marmottan, Paris.

Rechte Seite :
Monet im
Allee mit Rosenstöcken

«Man bringt mir meine
Bilder eines nach
dem anderen.
Plötzlich erscheint
um mich von
neuem eine Farbe,
die ich gestern entdeckt
und auf einem dieser
Bilder skizziert habe.
Schnell reicht man
mir dieses Bild,
und ich versuche,
so gut es geht,
diese Vision endgültig
festzuhalten. Meistens
verschwindet sie aber
genau so schnell wie
sie erschienen ist und
räumt einer anderen
Farbe das Feld,
die sich schon seit
mehreren Tagen auf einer
anderen Studie befindet,
welche man mir sofort
bringt (...) und so geht
das immer weiter,
den ganzen Tag..."
MONET

wechselten mit den Dauergewächsen, so dass das ganze Jahr über Blumen blühten.
Natürlich erneuerte der Garten seine Farbe zu jeder Jahreszeit. Im Frühjahr stand er voller Narzissen, gefolgt von Tulpen, Azaleen, Rhododendron, Fliederbüschen, Glyzinien und Schwertlilien, die Monet besonders liebte

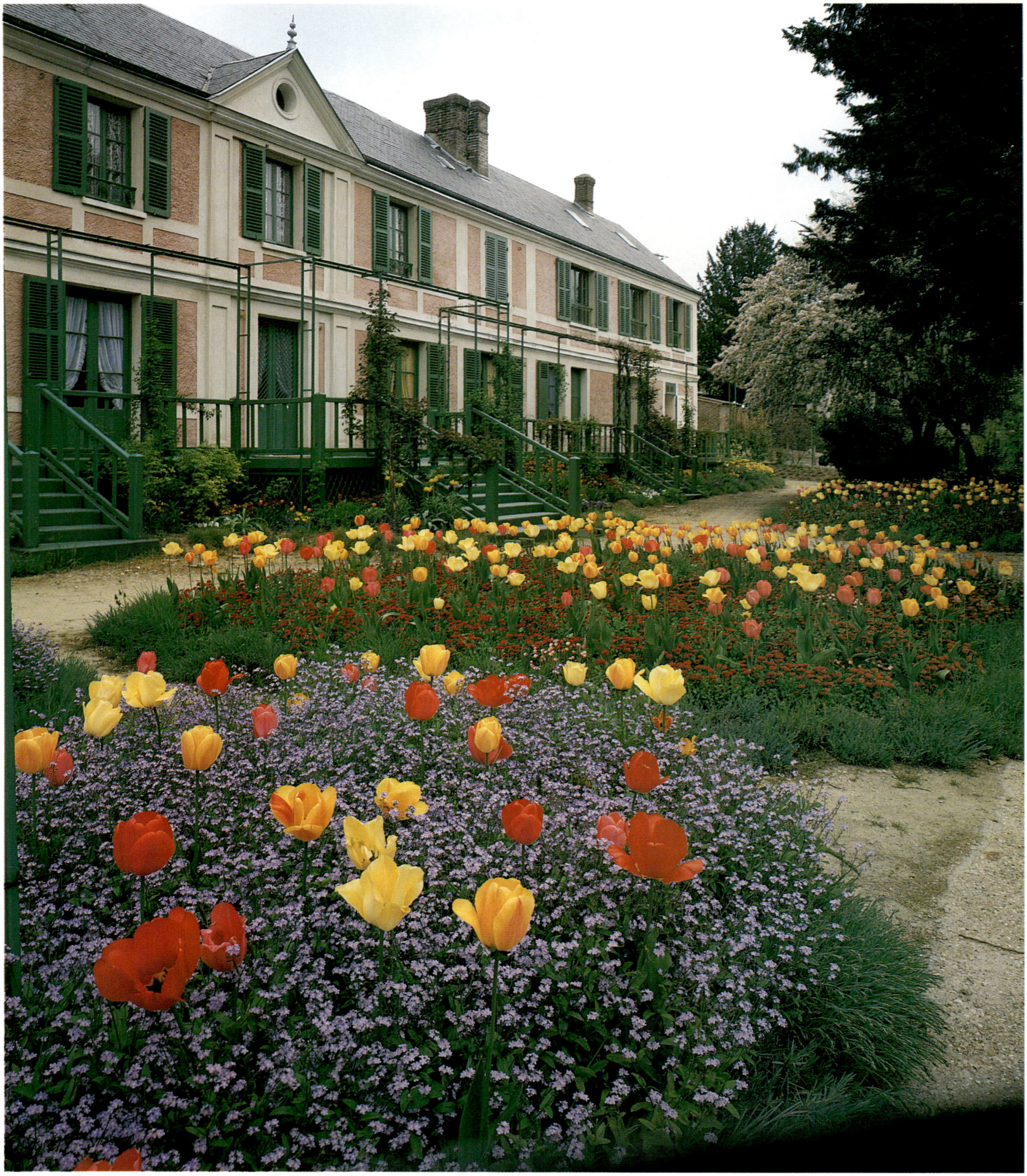

und in langen und weiten Reihen pflanzte. Dann kamen baumartige oder einjährige Pfingstrosen von seinen japanischen Freunden ; weiter folgten Glockenblumen, Lilien und Taglilien, Rittersporn, Lupinen und Mohnblumen.
Im Juni, zur Sommerzeit, blühten Trichterwinden, Wicken, Glockenblumen, Kokardenblumen, Löwenmaul, die verschiedensten Rosenarten, Levkojen, Akelei, Fingerhut, Kapuzinerkresse, Phlox, Enzian und Salbei…
Im September folgten einfache Dahlien und Kaktusdahlien, japanische Anemonen, Sonnenblumen in

"Schliesslich und endlich… sind Formen und Gegenstand denn überhaupt wichtig ? Ist die Landschaft, die man malen will, denn überhaupt wichtig ? Sind all' diese Elemente, diese herrlichen Massen, die ständig untereinander kämpfen, tatsächlich so wichtig ? Herr Monet weiss ganz genau, dass er nichts weiter gemacht hat, als daraus eine Realität zu schaffen : Das Licht ! Er weiss, dass ohne es alles düster wäre und in chaotischer Nacht verbliebe. Es ist das Licht, das allmächtig ist, das die Formen verherrlicht und sie in ihrer Schönheit erstehen lässt ; es ist das Licht, welches deren Schein wiederaufleuchten lässt und deren Erscheinung verwandelt, ihre Umrisse in Bewegung bringt und sie zum Leben erweckt ; es ist das Licht, welches das Universum mit unfassbaren Atomen übersät und ihm ständig eine immer wieder neue und ewige Poesie verleiht."
GRAPPE

Claude Monet
"Iris jaunes et mauves"
(«Gelbe und
malvefarbene Iris»),
1924-1925, Öl auf Leinwand,
106 x 155 cm.
Musée Marmottan, Paris.

Rechts:
Monet arbeitet
die Randbereiche
eines Bildes
in seinem
Atelier nach.

allen Variationen, Stockrosen und Hunderte von Astern…
In seinen drei Gewächshäusern züchtete er Kletterbegonien, exotisches Farnkraut und eine herrliche Auswahl von Orchideen. "Wenn man Claude Monet in seinem Garten gesehen hat", sagte Kahn 1904, "versteht man besser, wie ein solcher Gärtner ein so grosser Maler geworden ist." Und Monet sagte von sich selbst: "Ausser zur Malerei und zur Gärtnerei bin ich zu nichts zu gebrauchen!"

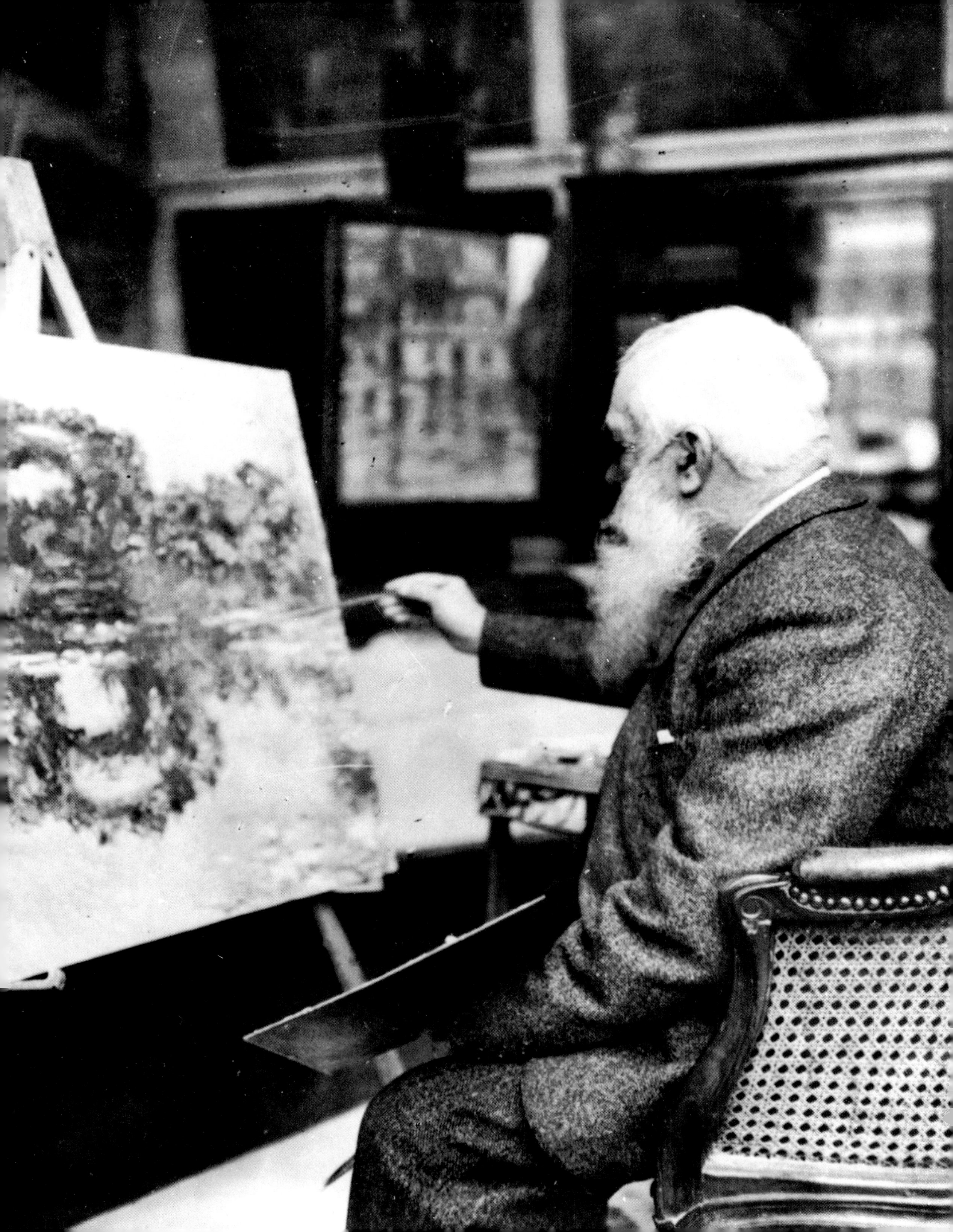

DER WASSER-
GARTEN

«Der sich selbst
abwesende Mensch,
der in der Landschaft voll
und ganz zu sich findet...»
CÉZANNE

Obgleich der
Spaziergänger sehr oft aus
kurzen Perspektiven
verschiedene Einblicke in
den Wassergarten gewinnt,
so hebt sich hier,
wie auch in den Werken
des Malers der Seerosen,
diese Tiefe doch zum
Teil in der Realität
selbst wieder auf.
Inmitten der üppigen
Vegetation der
Teichufer stehen,
wie es Monet wollte,
Lichteffekte im
Vordergrund.
Die Blumen mit ihren
verschwommenen
Umrissen sind Farbtupfer,
den Bewegungen der Luft
und dem endlosen Spiel
von Licht und Schatten
dargeboten.

Der Wassergarten : 1893 kaufte Claude Monet dieses vom "Clos Normand" durch die Eisenbahnlinie und den Chemin du Roy getrennte Terrain.
Nach zahllosen administrativen Schwierigkeiten konnte er endlich seinen Teich ausheben. 1895 liess er seine berühmte, heute vollkommen wiederhergestellte Japanische Brücke mit dem grazilen Überbau errichten.

Obenstehend :
Claude Monet
"Le Bassin des Nymphéas",
"Harmonie verte"
("Der Seerosenteich",
"Grüne Harmonie"),
1899, öl auf Leinwand,
80 x 60 cm.
Musée d'Orsay, Paris.

Gegenüberstehend :
Claude Monet
"La Barque"
("Die Barke"),
1887, öl auf Leinwand,
146 x 133 cm.
Musée Marmottan, Paris.

"... Der Effekt ändert sich übrigens ständig. Nicht nur von einer Jahreszeit zur anderen, sondern auch von einer Minute zur anderen, denn die Wasserblumen sind nicht die einzigen Elemente des Spektakels ; tatsächlich sind sie nur begleitende Elemente. Die spiegelnde Wasseroberfläche ist das Eigentliche des Motivs, und deren Aspekt verändert sich wegen dem sich darin spiegelnden Himmel, der ihr Leben und Bewegung verleiht, ständig. Eine vorüberziehende Wolke, eine erfrischende Windbrise, ein sich aufbäumendes und schliesslich abfallendes Samenkorn, wehender und plötzlich niederschlagender Wind, verschwindendes und wiedererscheinendes Licht... ja, soviele Ursachen, die, vom Auge des Laien unbemerkt, den Farbton verändern und die Wasseroberfläche verzerren."
MONET

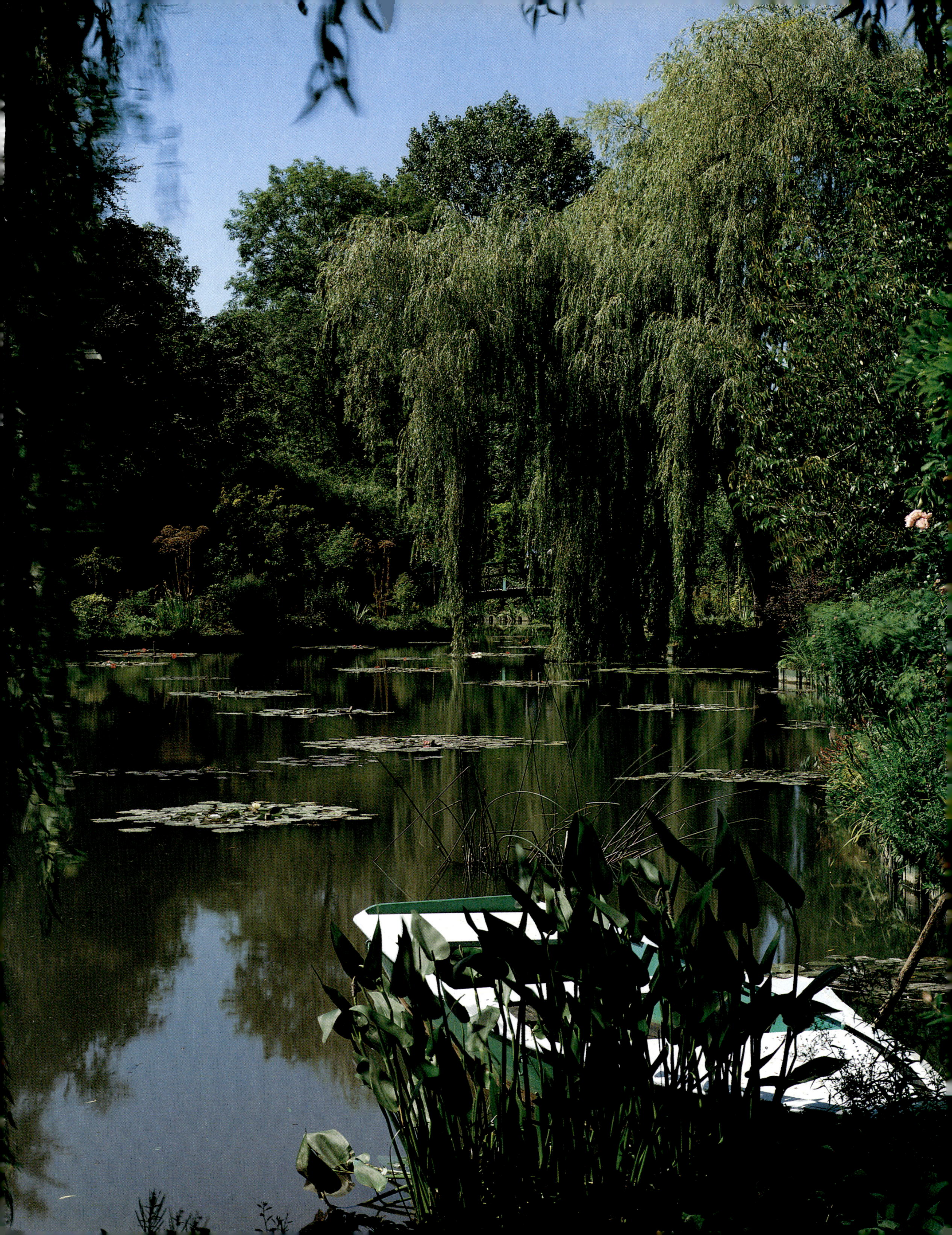

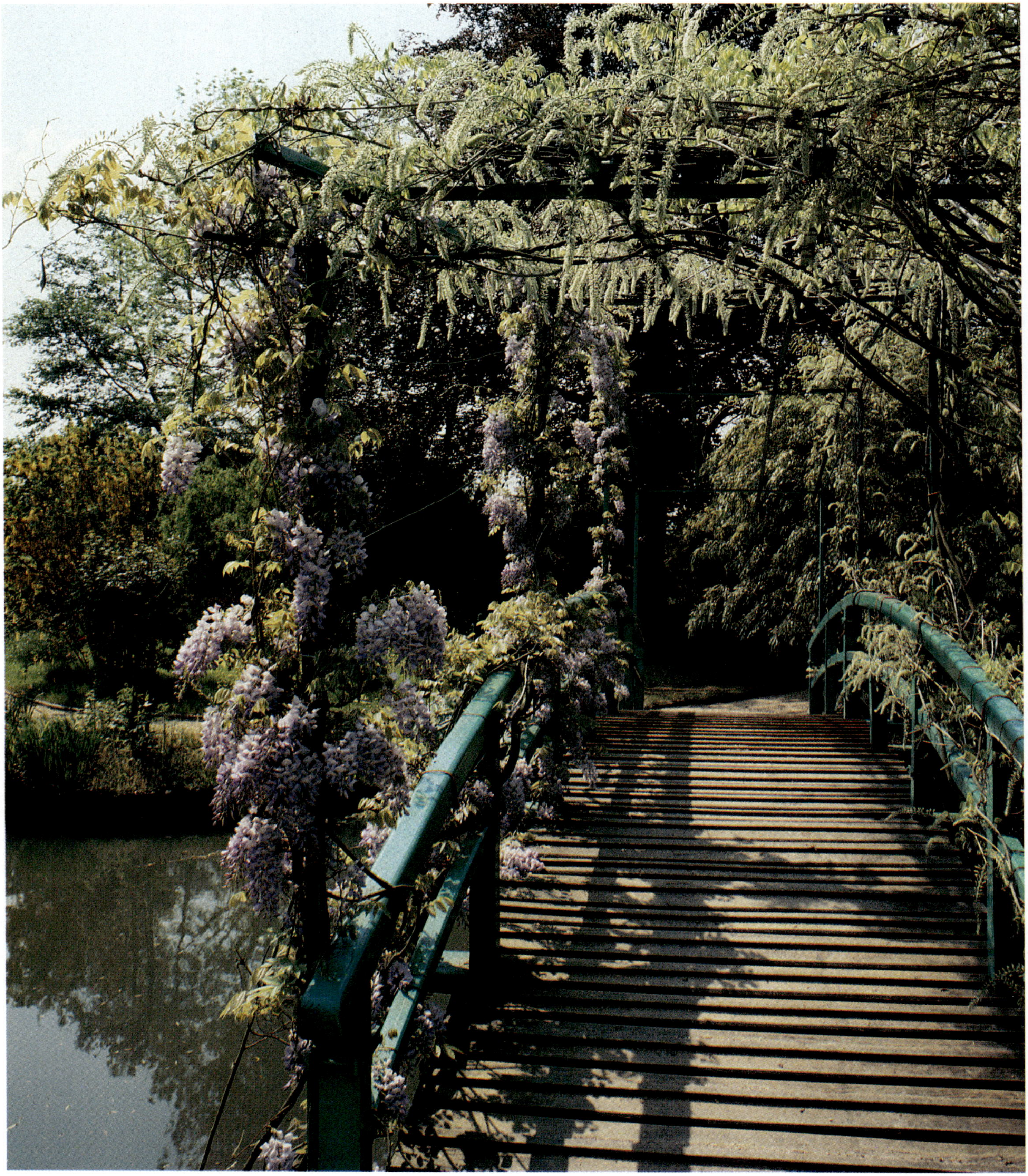

Claude Monet
"Le Pont Japonais"
("Die Japanische Brücke"),
1918-1919, Öl auf Leinwand,
74 x 92 cm.
Musée Marmottan, Paris.

"Ich habe wieder
angefangen,
am Unmöglichen
zu arbeiten :
Wasser und Graspflanzen,
die sich in der
Tiefe kräuseln...
Dies zu betrachten,
ist herrlich ;
es malen zu wollen,
treibt jedoch
zum Wahnsinn.
Ja, ich mache mich
eben immer an solche
Dinge heran !"
MONET

"… Dieses ‹Verstäuben› der Dinge, wie man es bei Monets Pinsel vorfindet, ist für mich nichts weiter als die gelungene Transponierung der kosmischen Wirklichkeiten wie sie uns von der modernen Wissenschaft enthüllt wurden. Ich behaupte nicht, dass Monet den Tanz der Atome wiedergegeben hat. Ich sage nur, dass er uns einen grossen Schritt weitergebracht hat in Richtung einer emotionsbehafteten Repräsentierung der Welt und ihrer Bestandteile, und dies durch eine Lichtverteilung, die den Schwingungswellen entspricht, die die Wissenschaft für uns entdeckt hat. Wollen wir, dass unsere gegenwärtige Vorstellung der Atome sich weiterhin verändern kann ? Monets Genie hat uns nichtsdestoweniger einen unvergleichlichen Fortschritt im Bereich unserer Empfindung gegenüber der Welt ermöglicht - einen Fortschritt, den man, ungeachtet unserer zukünftigen Aufnahmekraft, immer berücksichtigen muss…" CLÉMENCEAU

Rechte Seite : Claude Monet
"Le Pont Japonais"
(«Die Japanische Brücke»),
1918-1924, öl auf Leinwand,
89 x 100 cm.
Musée Marmottan, Paris.

In der Zeitschrift "Jardinage" beschrieb Georges Truffaut 1924 diesen Wassergarten von damals in seiner ganzen Schönheit : "Der von der Epte mit Wasser versorgte Teich ist von Trauerweiden mit goldglänzenden kleinen Zweigen umgeben. Auf seinem Grund und an seinen Ufern spriessen die Pflanzen in grosser Fülle : Heide, Farn, Lorbeerrosen, Rhododendron, Azaleen und Stechpalmen. Die Ufer des Teichs auf der einen Seite sind schattig durch üppige Rosensträucher, und den Teich selbst schmücken alle bekannten Arten von Seerosen. An den kleinen Böschungen blühen sibirische, virginische, japanische Lilien und Gewürzlilien, hervorgehoben durch baumförmige, japanische und einjährige Pfingstrosen, Gruppen von Goldregen, Judasbäume… Eine grosse Bambuspflan-

Claude Monet «Le Pont Japonais"
(«Die Japanische Brücke"),
1918-1924, öl auf Leinwand,
89 x 100 cm.
Musée Marmottan, Paris.

zung bildet einen dichten Wald. An den Ufern auch Pestwurz mit riesigen Blättern, auf den Wiesen Wiesenraute mit gefiederten Blättern, verschiedene Farnarten mit zarten und flaumigen rosa oder weissen Blüten und Glyzinie… Man findet hier auch Tamarisken, und das Ganze ist durch langstielige Rosenbäumchen und Buschrosen belebt."
Der Wassergarten ist im Gegensatz zum "Clos Normand" japanisch im Stil, asymmetrisch, exotisch, geschaffen zum Träumen, inspiriert von jener fernöstlichen Tradition der philosophischen Kontemplation der Natur. Er ist von entscheidender Bedeutung in Claude Monets Werk.

«…Hier suchte Monet die Verfeinerung der subtilsten Empfindungen. Während Stunden verblieb er an diesem Ort, bewegungslos, still in seinem Sessel sitzend, mit durchforschendem Blick, auf der Suche nach Lichtreflexen, das Hintergründige der lichtdurchfluteten Dingwelt erkundend, jenes unfassbare Flimmern, dem wir die Geheimnisse entlocken, erheischend. Mit Hochmut gegenüber dem gesprochenen Wort, um sich der Stille der flüchtigen Harmonien zu stellen. Sehen, heisst das nicht auch verstehen ?…"

GEORGES CLÉMENCEAU

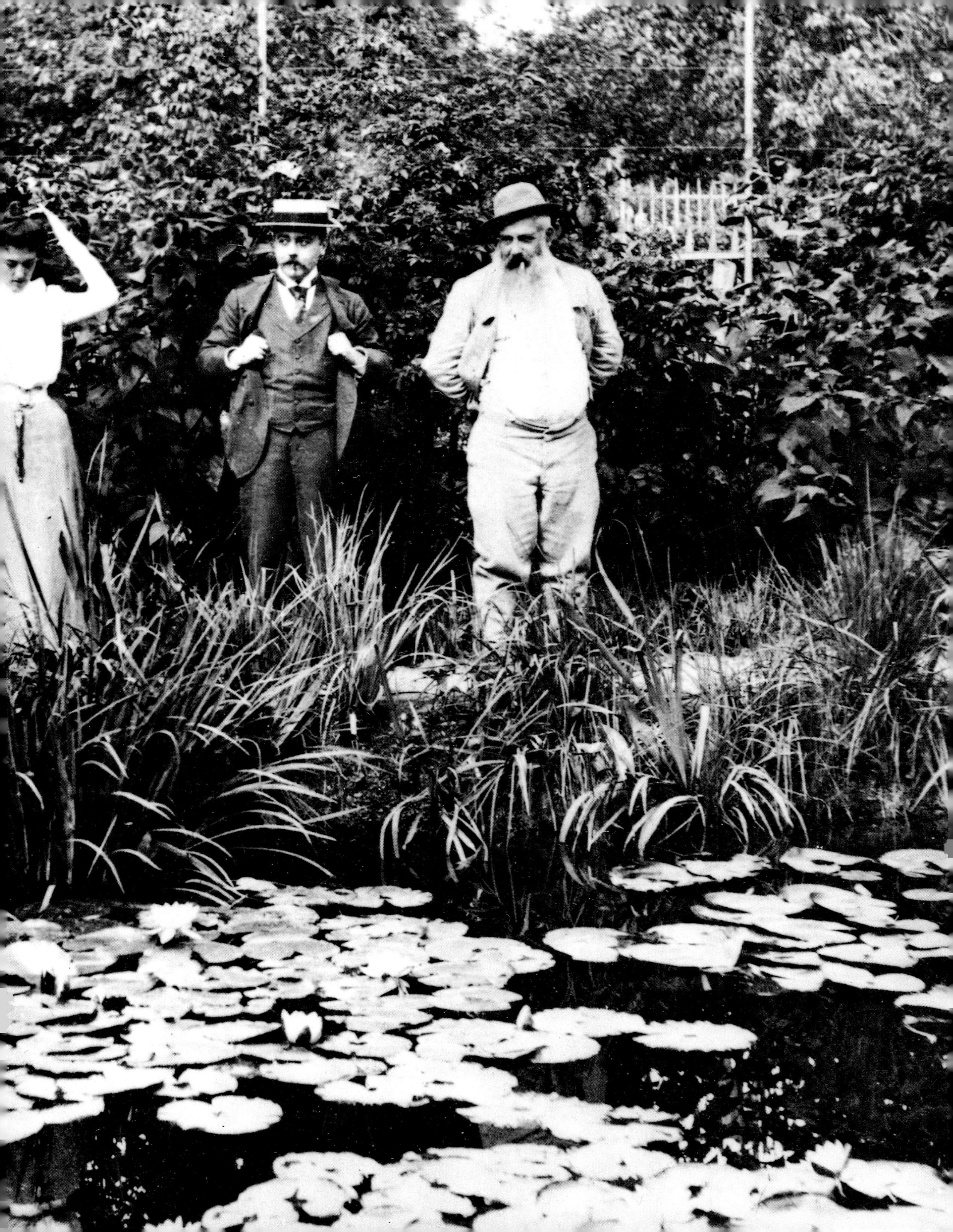

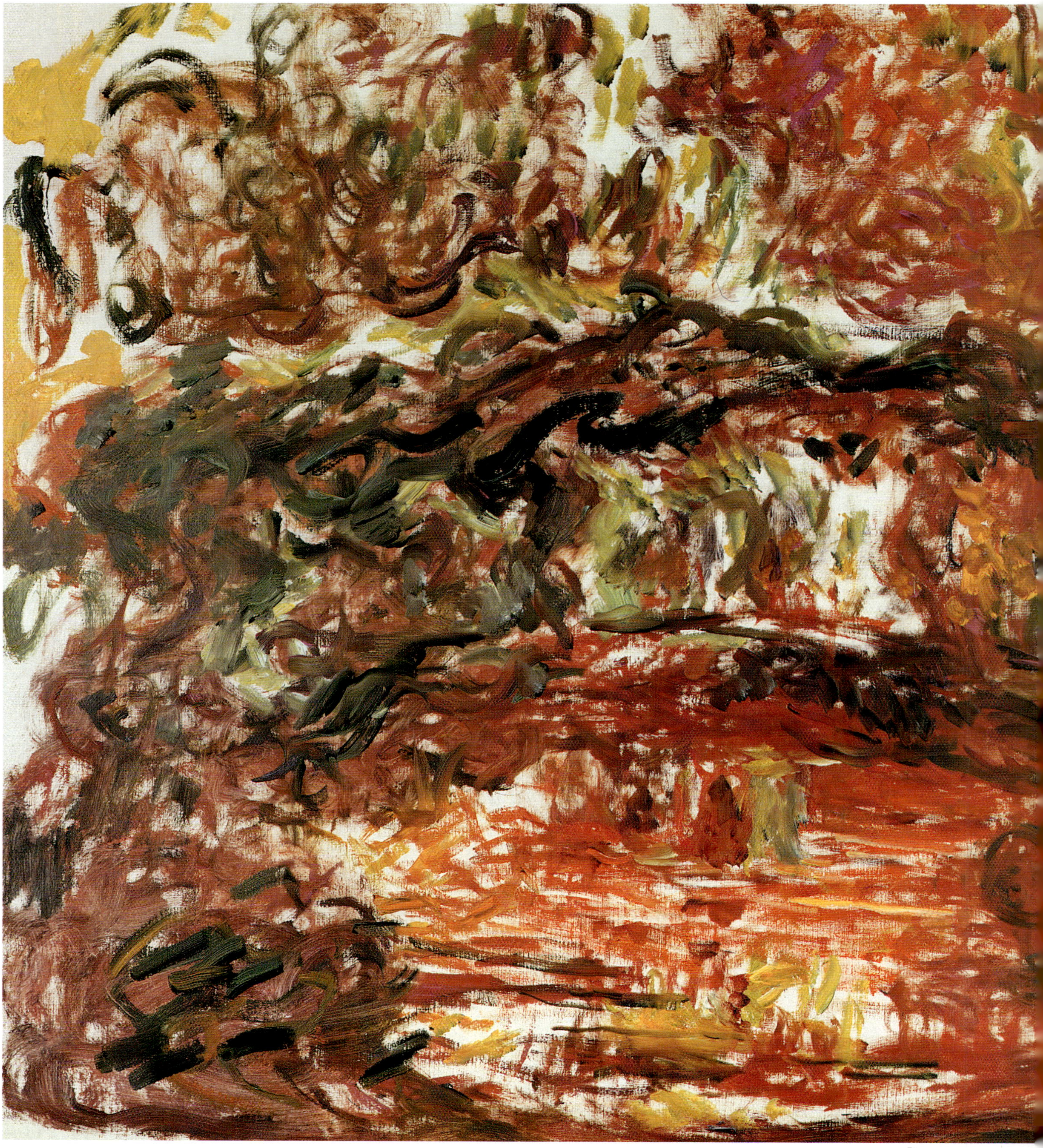

Claude Monet
«Le Pont Japonais»
(«Die Japanische Brücke»),
gegen 1923, Öl auf Leinwand,
89 x 100 cm.
Musée Marmottan, Paris.

"... Nachts werde
ich von dem verfolgt,
was ich zu tun versuche.
Gerädert stehe ich
dann morgens auf.
Der anbrechende
Tag gibt mir Mut,
aber die Angst
kommt wieder,
sobald ich das
Atelier betrete.
Wie schwer Malen doch ist...
eine wahre Qual.
Letzten Herbst habe ich
sechs Bilder mit meinem
Gartenlaub verbrannt.
Das genügt, um die Hoffnung
voll und ganz zu verlieren.
Jedoch will ich nicht sterben,
ohne all' das
gesagt zu haben,
was ich zu sagen habe;
oder zumindest
versucht zu haben,
es zu sagen.
Und ich bin am Ende meiner
Tage angelangt... Morgen
vielleicht, wer weiss..."
MONET

Sein Leben lang kam Monet immer wieder hierher, um den subtilen Spielen von Wasser und Licht nachzuträumen. Hier malte er seine ersten Seerosenserien; und ausgehend von diesen wunderbaren Bildern, schuf er am Ende seines Lebens als Höhepunkt seine berühmten "Décorations", die den Zyklus seines genialen Werks vollenden und unwiderruflich die ganze Bewegung der abstrakten Malerei ankündigen, so wie Kandinsky es schon vorausgesehen hatte!

«Ich habe Zeit gebraucht,
um meine Seerosen
zu verstehen...
Ich habe sie voller
Freude gepflanzt ;
ich habe sie angebaut,
ohne daran zu denken,
sie zu malen...
Man wird von einer
Landschaft nicht
innerhalb eines Tages
durchdrungen...
Und plötzlich hat sich
mir der märchenhafte
Aspekt meines
Teichs kundgetan.
Ich griff zur Palette.
Und seither habe ich mein
Modell nicht gewechselt."
MONET

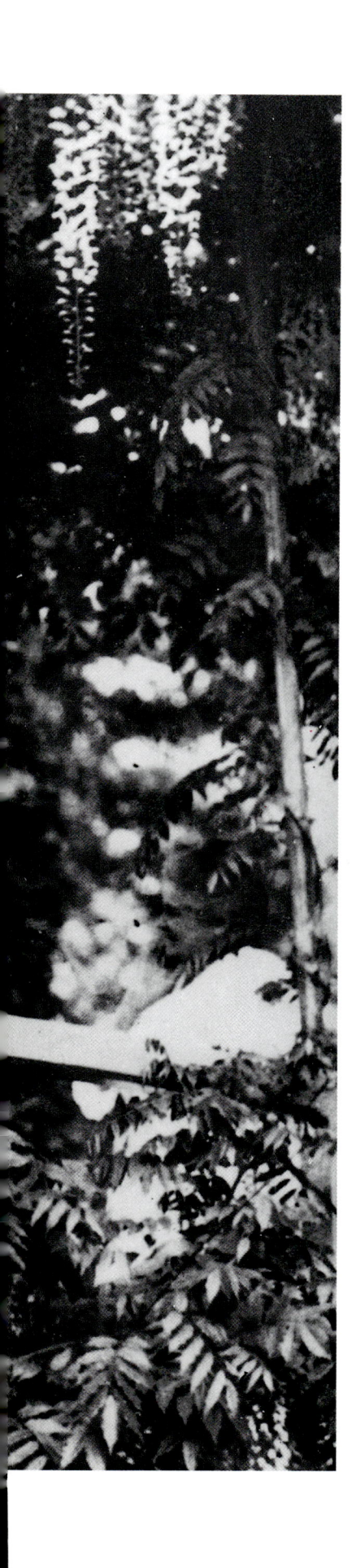

SEEROSEN-ATELIER

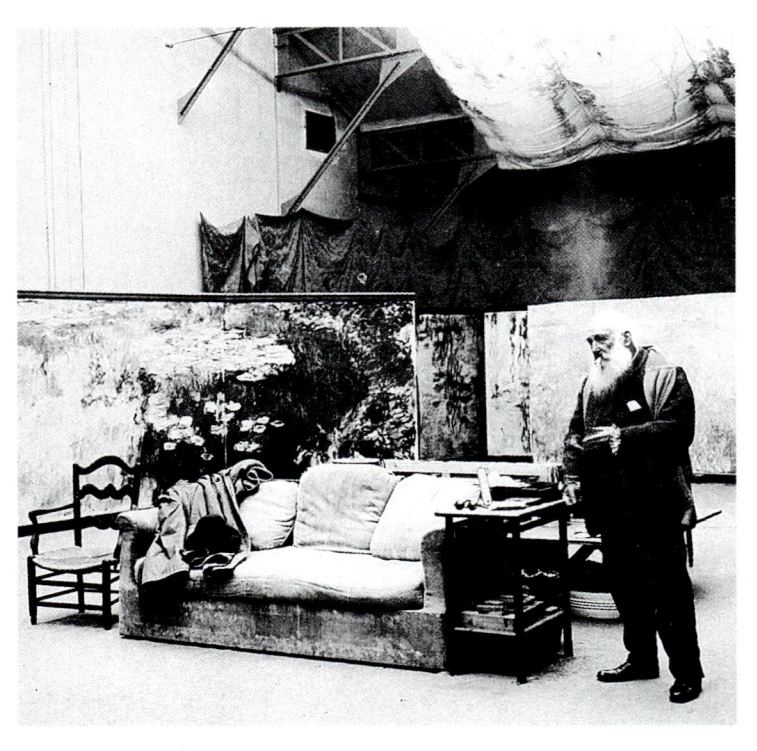

Monet liess es 1916 (an der Stelle eines baufälligen Hauses) erbauen, um bequem und mit gutem Licht seine grossen Seerosenbilder "Décorations des Nymphéas" malen zu können, von denen der Meister 1922 auf Anregung Georges Clemenceaus die schönste Serie dem französischen Staat als Geschenk anbot. Hier ist also die Wiege von Claude Monets künstlerischem Vermächtnis. Auch dieses Atelier befand sich in einem sehr schlechten Zustand und wurde mit grossen Unkosten dank zwei grosszügiger Schenkungen von Michel David Weill wiederhergestellt. Die Staffeleien, einige rollende Gestelle sowie auch das Sofa sind noch vorhanden, während die Wände mit hervorragenden Reproduktionen der grossformatigen Gemälde Monets geschmückt sind, die Gerard Delorme gestiftet hat.

Claude Monet
im Seerosenatelier

Der Besucher gelangt in die vertraute Welt des Meisters von Giverny, indem er das geräumige Seerosenatelier durchquert, welches mit jenem Licht durchflutet ist, in dem die berühmten «Décorations» («Dekorationen») entstanden sind. Die meisten grossen Bilder vom Wassergarten sind nicht an den Ufern des Teichs gemalt worden, sondern in diesem Atelier.

77

CLAUDE-MONET-STIFTUNG

Dank dem Reader's Digest und dem Lila Wallace-Reader's Digest Fund konnten ein aus drei zusammengefallenen Gebäuden bestehender Bauernhof gegenüber Monets Wohnhaus und Garten sowie ein anliegendes Gelände, das in einen durch Bäume und Blumen verschönerten Parkplatz verwandelt wurde, gekauft werden.

Die drei Gebäude wurden mit ihren ursprünglichen Steinen rekonstruiert. Das Gebäude längs der Rue Claude Monet beherbergt das Hauptquartier der Gärtner, das Büro des Gärtnermeisters und zwei Zimmer mit Küche und Bad für freiwilliges Personal.

Dank bestimmten Donatoren, wie z.B. Herrn Laurance Rockefeller, konnten im rechten Gebäude zwei Wohnungen eingerichtet werden, die ab und zu wichtige Donatoren bei ihrer Durchreise in Giverny beherbergen. Dank Herrn Laurance Rockefeller konnten ein Blumengeschäft sowie ein Cafe im Stile der Jahrhundertwende mit einem hübschen Garten gegenüber dem Parkplatz eröffnet werden.

Das grosse Gebäude hinten im Hof des Bauernhofs wurde dank Reader's Digest vollkommen restauriert. Drei moderne Wohnungen und ein grosses Atelier für drei Künstler wurden dort eingerichtet und werden seit 1988 benutzt. Jedes Jahr werden dort drei von Reader's Digest ausgewählte amerikanische Künstler zwecks eines Malaufenthalts und einem Besuch in der Gegend beherbergt. Es handelt sich dabei um eine Dankesgeste gegenüber den amerikanischen Donatoren, ohne die Giverny nicht existieren würde. Dank bestimmter französischer Freunde und vor allen Dingen dank unseren amerikanischen Freunden konnten 14 Millionen Dollar zusammengebracht werden, die voll und ganz in die Restaurierung der Gebäude und der Gärten Claude Monets investiert wurden.

Die Akademie der Künste wird durch das hohe Besucherinteresse belohnt: In sieben Monaten konnte die erstaunliche Ziffer von 400 000 Besuchern erreicht werden. Giverny ist so zum am meist besuchtesten Ort der Normandie geworden.

Bibliographie
Wir haben uns bei der Redaktion des vorliegenden Katalogs hauptsächlich folgender Werke bedient:
Arsène Alexandre, «Le jardin de Monet», *Le Figaro*, 9. August 1901.
Maurice Kahn, «Le jardin de Claude Monet», *Le Temps*, 7. Juni 1904.
Louis Vauxcelles, «Un après-midi chez Claude Monet», *L'Art et les Artistes*, 15. Mai 1909.
Roger Marx, «Les Nymphéas de M. Claude Monet», *La Gazette des Beaux-Arts*, 1909.
Gustave Geffroy, «Claude Monet, sa vie, son temps, son oeuvre», Paris, 1912.
Georges Truffaut, «Le jardin de Claude Monet», *Jardinage 87*, November 1924.
Georges Clemenceau, «Claude Monet - Les Nymphéas», Paris, 1928.
Jean-Pierre Hoschede, «Claude Monet ce mal connu», Genève, 1960.
René Gimpel, «Journal d'un collectionneur, marchand de tableaux», Paris, 1963.
Paulette Howard Johnston, «Une visite à Giverny en 1924», *L'œil, Mars* 1969.
John Rewald, «The history of Impressionism», New York, 1973.
Claire Joyes, «Monet at Giverny», London, 1975.
Daniel Wildenstein, «Monet's years at Giverny - Beyond Impressionism», Metropolitan Mus. of Art, 1978

Die Donatoren von Giverny

Lila Wallace - Reader's Digest Fund	Mrs Randolph Kidder
L'Académie des Beaux-Arts	Mrs Eric Koenig
Le Conseil Général de l'Eure	Mr and Mrs David L. Kreeger
La Société des Amis de Claude Monet	Madame Yvonne Larsen
The Society of the Friends of the Dallas Museum	Mr and Mrs Joseph Lauder
The Society of the Neuberger Museum	Mr and Mrs Harding Lawrence
S.E. et Mrs Walter Annenberg	Mr and Mrs Irvin Levy
Mr and Mrs David B. Arnold, Jr.	The Richard Lounsberry Foundation
Mrs Robert Arnold	Mrs Eugène McDermott
Mrs Vincent Astor	Mr and Mrs Robert Magowan
Madame Léon Bazin	Madame Louis Marillonnet
Mrs Leigh Block	Mr and Mrs Harris Masterson
Mrs Alfred Bloomingdale	Mr and Mrs Paul Mellon
Mr Patrick Burns	S.E. et Madame Walter
Mr and Mrs Edward Byron-Smith	Moreira Salles
Mr and Mrs Gardiner Cowles	Mrs Charles Munn
Mrs Ethel Woodward de Croisset	Mr Stavros Niarchos
Mrs Allerton Cushman	Mr George Ohrstrom
Monsieur et Madame Pierre David-Weill	Baron and Baroness Hubert von Pantz
Monsieur et Madame Michel David-Weill	Mr George Parker
The Ewind W. and Catherine M. Davis Foundation	Mrs Sandra Payson
Mr and Mrs Frederick W. Davis	Mr David Rockefeller
Monsieur et Madame Paul Desmarais	Baron Edmond de Rothschild
Deere and Company	Mrs Madeleine Russell
Mrs Doris Duke	Monsieur Henri Samuel
Mr and Mrs Charles Durand-Ruel	Mrs Jay Simmons
Mr and Mrs Thomas B. Evans Jr.	Mr Garrick O. Stephenson
Comtesse Alain d'Eudeville	Mr and Mrs Harold Stream
Mrs Charles Engelhard Jr.	Mr and Mrs David Schiff
Mrs Frank Jay Gould	Marquise de Surian
The Florence J. Gould Foundation, Inc.	Mr and Mrs Vernon Taylor Jr.
Mr Henry Ford II	Miss Alice Tully
Mr Alvin Fuller	Monsieur et Madame Gerald Van der Kemp
Mr and Mrs David Granger	Mr and Mrs William Vincent
Mrs Dolly Green	Pierre J. Wertheimer Foundation
Mr and Mrs Melville Hall	Mr and Mrs William Wood-Prince
Mrs Ira Haupt	Baroness van Zuylen
Mr and Mrs Jack Heinz	Bergdorf Goodman
Mrs James Hooker	Bloomingdale's
Mr and Mrs Philip Hulitar	Ceramich Caleca, S.r.l.
Mr and Mrs George F. Jewet Jr.	Haviland and Parlon
Mrs Alistair J. Keith	Marshall Field's
	Reed & Barton Corporation
	West Point-Pepperell, Inc.

Folgende Organisationen sind berechtigt, Ihre Spenden entgegenzunehmen :

Société des Amis de Claude Monet
Präsident : Herr Toulgouat
Giverny
27620 GASNY

Versailles Fondation
Präsidentin : Frau Van der Kemp
420, Lexington avenue
Graybar building, NEW YORK CITY, N.Y. 10170

Das Claude-Monet-Museum ist vom 1. April bis 31. Oktober jeden Tag zwischen 10 Uhr und 18 Uhr geöffnet. Montags geschlossen.

Editions Art Lys
Versailles
Entwurf : Aline Hudelot
Photokredit :
Archive des Museums
Claude Monet
ART LYS/J. Girard
Erika Burnier
Musée Marmottan
R.M.N. (frz. Nationalmuseen)
Photokomposition : ART LYS
Photogravur : EFFE GRAPHIC
Druck abgeschlossen am 15. Avril 1994, durch STIGE (EWG)
Gesetzliche Hinterlegung : Avril 1994
Copyright EDITIONS ARTS LYS
ISBN 2 85495.047.X

Seite 4 des Umschlags :
Claude Monets Portrait,
Sommer 1926,
Aufnahme von Nickolas Avray.